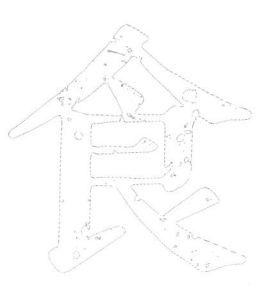 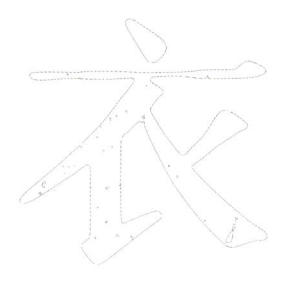 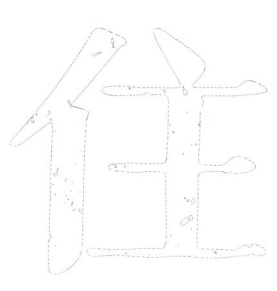

过日子

侯印国 著
〔清〕佚名 绘

中国古人
日常生活
彩绘图志

 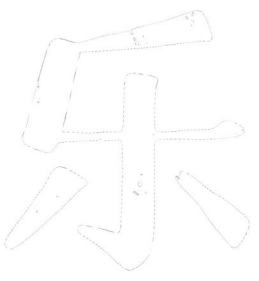

台海出版社

图书在版编目（CIP）数据

过日子：中国古人日常生活彩绘图志 / 侯印国著；（清）佚名绘 . —北京：台海出版社，2022.7
ISBN 978-7-5168-3302-5

Ⅰ. ①过… Ⅱ. ①侯… ②佚… Ⅲ. ①生活方式 – 中国 – 古代 – 图集 Ⅳ. ① D691.93-64

中国版本图书馆 CIP 数据核字 (2022) 第 074168 号

过日子：中国古人日常生活彩绘图志

著　　者：侯印国	绘　　者：［清］佚　名
出版人：蔡　旭	装帧设计：卿　松［八月之光］
责任编辑：戴　晨	

出版发行：台海出版社
地　　址：北京市东城区景山东街 20 号　　邮政编码：100009
电　　话：010-64041652（发行、邮购）
传　　真：010-84045799（总编室）
网　　址：www.taimeng.org.cn/thcbs/default.htm
E - m a i l：thcbs@126.com

经　　销：全国各地新华书店
印　　刷：北京金特印刷有限责任公司
本书如有破损、缺页、装订错误，请与本社联系调换

开　　本：880 毫米 ×1230 毫米　　1/32	
字　　数：146 千字	印　　张：9
版　　次：2022 年 7 月第 1 版	印　　次：2022 年 7 月第 1 次印刷
书　　号：ISBN 978-7-5168-3302-5	

定　　价：69.80 元

版权所有　　翻印必究

前言 "第三只眼"看古人生活

汉学家史景迁（Jonathan D. Spence）说："一个国家之所以伟大，条件之一就是既能够吸引别人的注意力，又能够持续保有这种吸引力。当西方刚刚接触中国时，中国就明显表现出这种能力。"事实上，中国文化对西方的吸引力不仅仅在刚刚接触时就产生了，而且绵延了漫长时光，并且中国文化也在不同层次影响甚至改变了西方文明。

最晚在《马可·波罗游记》问世后，欧洲人已经开始广泛了解到辽阔、富庶的"契丹国"。随着1492年8月3日哥伦布（Cristoforo Colombo）在西班牙扬帆出海，海上航线开辟，为欧洲耶稣会士来华提供了交通基础。最早来华的耶稣会士是方济各·沙勿略（Francisco Javier），他在16世纪中叶抵达广东后在此病逝，未能来到中国内地。16世纪后期，罗明坚（Michele Ruggieri）和利玛窦（Matteo Ricci）成功进入中国内地，积极采取适应中国文化的政策，甚至尝试将其教义和儒家思想糅合起来，这种"中国化"的尝试被康熙皇帝称为"利玛窦规矩"。尝试"中国化"的传教士和不认同这一做法的其他传教士发生了旷日持久的"中国礼仪之争"。有趣的是，这一争论波及西方思想文化界，使得中国文化得以在欧洲广泛传播，受到欧洲学者和思想家的重视，成为18世纪欧洲启蒙运动的思想助推器，虽然这些思想家所描述的"中国思想"充满了想象色彩。法国著名汉学家艾田蒲（Rene Etiemble）在其名著《中国之欧洲》中写道："在1700年前后，不管是冉森派教徒，还是耶稣会士，不论是怀疑主义者，还是笛卡尔主义者，只要进行思想的人都不可避免地要想象中国，对中国作出思考。"一批在华的外国传教士或来华使节用图像描绘出他们眼中的中国并寄回欧洲，其中大量尚未被中国读者所熟知，这是本书中一部分彩绘图像的来源。

与此同时，18—19世纪广州的外销画开始风行。1684年（康熙二十三年），康熙皇帝批准开放沿海海上贸易，来华的西方商船迅速汇聚于此。次年，清政府在广州设立机构管理各国商贸事务，各国东印度公司纷纷在此设立商馆，专门负责与西方贸易的中介机构开始出现，这就是有名的"十三行"。1757年（乾隆二十二年），乾隆皇帝要求西方贸易只能在广州进行，广州为中国唯一的对外通商口岸。中国艺术品通过贸易大量进入西方，引发中国风的热潮，这种需求催生出了独特的外销画。这些画作大都由广州十三行的画家们用西方绘画的技术画成,但同时保留着中国传统绘画的艺术形式,其形式包括纸本水粉画、线描画、通草水彩画、布本油画、象牙画、玻璃画等,题材类型则极其广泛,堪称是当时中国社会生活、自然生态的"全景图",其中展示市井生活和手工业制作的作品体量最大。19世纪英国旅行者奥斯曼德·泰凡尼(Osmend Tiffany)在其游记中就写道:"这些米纸画(指外销画)……表现了中国的商业贸易、日常生活、世俗礼仪和宗教活动,都显得生动真实。从神圣的宗教仪式到世俗的娱乐场景,无一不绘于画中。"从现存的外销画来看,主要题材包括当时中国社会的家庭生活、手工业制作、商贸情景、职业样态、游艺娱乐、婚嫁丧娶、农业生产、戏曲故事,等等。这些主题反映了西方人了解中国社会和民俗文化的需要。外销画的主要销售对象是访问广州的外国商人、海员和旅行者,这些外销画无疑是他们最佳的"旅游纪念品",是他们回国后向亲友展示异国游历的最重要凭证。他们回国后,这些外销画往往被组织展览会进行展示,交由出版商印刷出版或者被各大博物馆收藏研究。当时西方关于中国的书籍中,也往往使用外销画作为插图,可以说,外销画受到了西方社会的极大重视,是向西方传播中国文化的重要媒介。本书大部分彩绘图像取材自收藏在海外博物馆的外销画图册和18—19世纪西方根据外销画出版的图册,其中有不少是第一次在国内公开出版。

这些来华商人、传教士、旅行家定制或绘制的图画,生动反映出18—20世纪中国人的日常生活和民间文化,通过极强的纪实性和直观性,弥补了文献史料的不足,对我们了解古人日常生活有着重要价值。而且由于这些外销画大都收藏在国外博物馆,往往不为中国读者所熟知,尤其具有介绍的必要。但需要注意的是,这些图像或出于来华的传教士,或出于十三行的底层画师,而且外销画不少属于根据底本复制,其绘制的中国生活往往经过了简单的艺术化处理。曾担任第二届香港总督兼英国驻华公使的汉学家德庇时(John Francis Davis)就曾在其书中写道:"生活在欧洲的人们对于中国人的体貌特征的印象一直被奇怪地误导着,这要归咎于从广州贩运而来的制造品上的图画,这些图画通常是用一种比较写意的漫画形式表现的……结果,在许多人心中,那种轻浮和滑稽的特点都和世界上最坚韧、最能理解别人和最注重实际的人们联系在了一起。"

本书所选取的图像,包括乔治·梅森(George

Mason）根据其购买的外销画手蒲呱（Pu Qua）绘制的《中国习俗》水彩画和在1800年出版的《中国服饰》（*The Costume of China*）、法国图书馆收藏的绘于19世纪的中国炉灶图册、法国图书馆收藏的19世纪早期中国外销画家发呱（Fat qua）绘制的家具陈设画册、英国维多利亚与艾尔伯特博物馆所藏的船舶主题外销画、18世纪末或19世纪初法国人绘制的*Les Rues de Pékin*（直译为《北京的街巷》，我国学者一般称之为《清国京城市景风俗图》）及绘制于18世纪的关于南方乐器的外销画。在撰写的过程中，笔者结合大量传世文献对这些涵盖衣、食、住、行、乐的图像进行解读，力求能够在更深广的背景中理解古人的日常生活。限于才力，难免有所疏漏，敬请读者批评指正。本书的顺利完成，要特别感谢康瑞锋老师，若非他的鼓励、宽容和催促，以我慵懒的性格，肯定无法完成相关的研究和撰写。

侯印国于浙江大学

2022年1月5日

目 录

衣	服饰二十五图	001
食	炉灶三十二图	043
住	家具陈设二十七图	089
行	水·船只二十四图	127
	陆·车马三十图	177
乐	乐器二十一图	229

衣

服饰二十五图

乔治·梅森是英国102团的少校，原驻印度马德拉斯（Madras），后听从其医生建议，于1790年到过中国，在广州他购得一部由中国广东外销画手蒲呱绘制的《中国习俗》水彩画，这就是这部《中国服饰》的前身。乔治·梅森为这个画册添加了解说，并由其友人米勒（Miller）将水彩画改为点雕画，以《中国服饰》的名字，于1800年在英国伦敦出版。

绘画者蒲呱生活在18世纪后期，生平不详。1784年，他曾为美国莫里斯夫人的衣箱作过玻璃画。皮博迪·埃塞克斯博物馆（Peabody Essex Museum）藏有他绘制的一百幅水彩画，已经收入黄时鉴等编著的《十九世纪中国市井风情——三百六十行》一书中。当时有不少广东外销画家被称为"某呱"，如啉呱、庭呱（听呱、廷呱）等，有学者推测"呱"（Qua）可能是福建方言"官"字。

乔治·梅森还以蒲呱的作品为基础，出版过《中国刑罚》（1804年）、《中国缩影》（1834年）等书。本节根据《中国服饰》一书，选取部分图片进行介绍。

乔治·梅森评价说:"一个中国人的优点在于他举止的庄重。"图中确实是一位身穿官服的清代庄重男子。清代官员的官服按照品级不同,装饰的补子图案也不同,在乾隆时期最终定型。据《清史稿·舆服志》记载,文官一品为仙鹤,二品为锦鸡,三品为孔雀,四品为雁,五品为白鹇,六品为鹭鸶,七品为鸂鶒,八品为鹌鹑,九品为练雀。武官一品为麒麟,二品为狮子,三品为豹,四品为虎,五品为熊,六品为彪,七品、八品为犀牛,九品为海马。图中所绘的,是一位一品文官形象。

图一·着官服的男子

关于缠足的起源有多种说法，一般认为在宋代开始逐步成为风气，在明清泛滥一时，这种摧残女性的病态美成为全社会追求的风尚，甚至出现《香莲品藻》之类的缠足"品鉴"专著。正如今天我们对古人的这种恶习难以理解一样，乔治·梅森对中国人的这一习俗也颇不以为然，他认为："如果这种习俗是为了让女性在家庭服务上更加称职，这显然是失败的，因为她们被剥夺了承担家务的积极性。"

图二·制作长筒袜的缠足女性

这位身穿绿衣的青年男子算是一位银行从业人员，不过此"银行"非彼"银行"，是指和银子打交道的行当，他的主要工作是白银和铜钱的兑换。这种人一般有两种工具，一是戥子，这是用来称重的小秤；还有一个就是图中专门用来剪银子的夹剪。一个银元宝重约五十两，中锭（也叫小元宝）十两左右，锞子（小银锭）在一至五两不等，十两以下称为碎银。原则上一两银子等于一千枚铜钱，但在现实生活中兑换比例经常变化。令乔治·梅森惊奇的是，"中国的钱币从来不印君主的头像，他们觉得这有损皇帝的威信，因为皇帝的肖像永远要在商人和人民的手中流通"。

图三·银行从业者

这位穿白衣的青年是一位理发师,俗称剃头匠。乔治·梅森对清朝人的发型很有兴趣,他写道:"中国人的发型并非一直如此,在清朝统治后,要求民众都改发型。除了后脑勺中间的部分,其他的头发都要被剃掉。留下的头发会编成精致的辫子,底层民众往往会把他们的辫子盘在头上,以防止它晃来晃去。"他介绍说中国的理发师同时还能提供修眉、掏耳朵、洁面和推拿服务,这往往只需要几文钱。

图四·理发师

显然这是一位小书商。在这幅图后，乔治·梅森详细介绍了中国的雕版印刷术、书籍装帧形态和中国独特的文字样式。在中国的书籍中，给他留下深刻印象的是小说，"中国小说既有趣又有教育意义，它们在不腐蚀心灵的情况下充满了幻想力，并且往往有着说教的内容，通过大力提倡美德的实践来改变人们的行为方式"。中国的笔、墨、纸、砚等文房四宝也让他记忆犹新，他介绍说："中国人不使用钢笔，而是使用兔子毛制成的笔。他们写字的时候，会在桌子上放一块磨光了的石块，石块的一端有一个凹处用来盛水，他们拿墨蘸了蘸水，均匀研磨，就会调出墨汁。他们垂直拿着笔，开始在纸张的右边空白处从上往下书写，并且在欧洲人开始书写的地方结束，因此欧洲书籍的第一页就是他们的最后一页。"

图五·书商

图里是一位捕食青蛙的平民。乔治·梅森认为："在中国，下层人民的饮食并不精致。穷人会吃青蛙和老鼠，在士绅们看来，狗肉也是一种古老的珍馐佳肴。"在当时西方介绍中国的书籍中，有不少提到并震惊于中国人吃狗肉的内容。在乔治·梅森另一本介绍中国风俗的图书《中国缩影》中提到一个故事：在一座中国城市里，一位欧洲旅行者被邀请参加一场当地富豪举办的盛宴。落座后，这位绅士习惯性地环顾桌面上的菜肴，终于松了一口气，因为面前的那道菜看上去应该是一只烤鸭。但是，为了在吃之前使自己更加放心，他转过头去询问站在身后的一个仆人。当然，他知道那人听不懂英语，于是他指着那道菜，用一种询问的语气问道："呱呱？"仆人向他深施一礼，脸上带着庄重而满足的神情，似乎非常乐于回答这个问题，他说："汪汪。"

图六·平民

图里这位商贩售卖的是烟袋,西方人叫烟斗,烟杆为竹制,烟头(也叫烟袋锅)则为白铜。烟斗中间挂着小烟草袋。烟草在明代传入中国,名为"淡巴菰",这个词可能是从西班牙语翻译而来。明末方以智的《物理小识》和清初王士祯的《香祖笔记》都认为淡巴菰是在明代万历时传入中国,种植在福建泉州、漳州一带。清代吸烟分为旱烟和水烟两种,都需要点燃烟丝,旱烟是通过长长的烟杆吸入,水烟则要在水烟袋的水里过滤,流程稍多一点。图中的是旱烟袋。

图七·烟袋商贩

图中是一位衣衫褴褛的乞丐和他忠实的同伴——一只黄狗。乞丐,俗呼"讨饭化子""叫化子""要饭的",行名称"穷教行",江湖上称"杆上的",又称"灰窝",意谓衣衫褴褛,满面尘垢,携棍子等家什讨饭。"叫化子"是俗称,"乞丐"则多见于书面语。这位乞丐带着黄狗进行表演,黄狗训练有素,在主人的命令下以合适而巧妙的力道踩踏木条的一端,另一端放置的小石块就会恰如其分地飞起并掉落在一个准备好的杯子里。表演过后,主人会拿着他手里的柳条盘请求施舍。

图八·乞丐

这是一位鞋匠，也叫靴匠、皮匠。秦汉时期，就已有专以织制鞋履为业者，刘备年轻时就以织席贩履为业。

明清时期，鞋匠分工很细：一是专门裁袼褙、粘鞋面者。这类匠人在鞋匠中人数最多。他们除了剪鞋帮、粘鞋面外，还设计新式鞋样；二是专门缉皮脸者。这一时期靴鞋式样，前后及口都有一行皮条，鞋也是双脸，前后都有皮条。做靴鞋时，由前面剪粘的工人粘好，再交与这行人钉皮条，名曰"缉皮脸"；三是专门上鞋者。这行人不做鞋帮、鞋底，专管将做好之鞋帮和鞋底缝合在一处。"上鞋"亦书作"尚鞋"；四是专门纳鞋底者。鞋底亦分若干种：一是千层底，是用若干层袼褙，每层皆用新白布裹边者；二是布底，是用新布裁成者；三是毛布底，是用碎旧布垫成者；四是纸底，是用新纸裁成者，亦称皮底，因其最底层须用皮。以上各种鞋底填垫妥后，皆须用绳纳之；五是锁云作，清代风行大云鞋、夫子履，这种鞋上都有云头，云头之边必须用丝线连锁坚牢方能耐久，故有此专行；六是专画缠足妇女所穿尖鞋之鞋面者，清代琉璃厂南柳巷路东有一家字号曰"仰度斋"，画鞋面最为著名；七是专用破旧布打袼褙者。

图九·鞋匠

清代铁匠开有店铺的就叫铁匠铺，肩挑小风箱走村串户的则被称为地炉子。图中就是这类流动的铁匠。扁担后侧的箩筐中是风炉、碳以及锤、钳等工具，前方悬挂着的器具叫作铁砧。铁砧是打铁时垫在底下的垫子，形状像粗木桩，一般是一整个铁块制成，也有用一块木头加上厚铁块制成的。清代的铁匠不仅满足人们日常生活的需要，还有一些铁匠别出心裁，在铁砧上捶打出一种独特的艺术。清代初年芜湖铁匠汤鹏创造了一种用铁片和铁丝锻打焊接成图画的工艺，就是流传至今的铁画。

图十·铁匠

这是一位正在制作灯笼的工匠。中国自汉代起就广泛使用灯笼，最早是照明工具，但后来装饰性超过了实用性。到唐宋时期，各种灯笼艺术已经让人叹为观止。《东京梦华录》中记载的宋代灯山，用缤纷彩缎扎成，层层锦绣，堆叠如山，上面都画着神仙故事和市井卖药卖卦之类的日常生活。在彩山的两侧，分别用各色锦绣绢缎扎起文殊菩萨和普贤菩萨彩灯，分别骑着狮子和白象。两座菩萨彩像的每个手掌的手指，喷射出五道水柱，与此同时，手掌还能摇动，制作得非常精巧。

图十一·制灯匠人

这位女性正在制作茶叶。清代的制茶工艺进一步提高，综合前代多种制茶工艺，继承发展出六大茶类，即绿茶、黄茶、黑茶、白茶、红茶、青茶。制作绿茶的基本工序是杀青、揉捻、干燥。但是若绿茶炒制工艺掌握不当，如杀青后未及时摊晾、揉捻，或揉捻后未及时烘干、炒干，堆积过久，会造成茶叶变黄，后来发现这种茶叶也别具一格，就采取有意闷黄的做法制成了黄茶。绿茶杀青时如果叶量过多、火温低，会使叶色变为近似黑色的深褐绿色，或以绿毛茶堆积后发酵，茶叶发黑，就形成了黑茶。乔治·梅森对中国的普洱茶评价颇高。图中妇女的工作，是对茶叶进行摊晾和揉捻。

图十二·制茶女

这是一位玩蛇的乞丐，晚清将这类乞丐称为弄蛇丐。这种职业大概唐宋时期就有，宋代《太平广记》中记载，安陆县有个姓毛的人喜欢吃毒蛇，用酒把蛇吞下肚。他曾经到齐安游玩，又到了豫章，常常到集市上玩蛇，靠当乞丐过日子，这样生活了十多年。

乔治·梅森说："这个可怜的乞丐把一条蛇缠绕在脖子上进行表演，希望获得微薄的施舍，在他的表演中最令人震惊的环节里，他会把蛇头塞进自己的嘴巴里，观众们可以随意拽蛇的尾巴，尝试把蛇拽出来。"

图十三·弄蛇丐

乔治·梅森将其标记为一位旅行者，实际上这是一位身穿孝服的悲伤男子。中国在魏晋南北朝开始，就将守丧纳入法律条文，《唐律疏仪》中便有关于守丧的体系化规定，宋代《刑统》也继承了相关规定，但在实际执行中可能并没有那么严格。明代的《大明律》对相关条文做了与时俱进的修改，清代《大清律例》则继承了相关的条文。清代的丧葬礼俗，有停尸、入殓、吊丧、下葬、超度等仪礼，以土葬为主，在地面堆土丘为记。丧葬礼持续时间一般近两个月，有的则长达数年。清朝官员父母去世，称"丁忧"，须辞官守制三年。普通百姓也守孝三年，实际上是二十七个月。

图十四·戴孝者

这是一位正在用蒸馏法酿酒的工匠。中国酿酒业历史极为悠久，上古时期的杜康、仪狄等人都被视为酒的发明者。贾思勰的《齐民要术》、朱肱的《北山酒经》、宋应星的《天工开物》、李时珍的《本草纲目》、童岳荐的《调鼎集》中都有关于酿酒技术的记载。大约在金朝就出现了蒸馏法，即先经过酿造，后进行用特制的蒸馏器将酒液，酒醪或酒醅加热蒸馏后冷却，最终得到高度数的烈酒。

蒸馏酒与酿造酒相比，在制造工艺上多了一道蒸馏工序，关键设备是蒸馏器。图中工匠身边的设备就是蒸馏器。

图十五·酿酒工

图十六·鼓手

这是一位表演小手鼓的青年，这种手鼓也叫铃鼓，不仅在汉族人中颇为流行，而且维吾尔族、朝鲜族、乌孜别克族、塔吉克族、瑶族等少数民族中都有类似的乐器。手鼓表演形式多样，给乔治·梅森留下深刻印象，他认为欧洲任何地方的任何表演都不能与之相媲美。

图十七·更夫

这是一位更夫,也叫"打更人"。在清代,更夫的工具往往有梆子、锣和灯笼。乔治·梅森说:"夜晚,街上到处都是守夜人,他们用左手敲打着一根竹子提示时间,同时表明自己的警惕。他们在散步时遇到任何人都会询问……守夜人提着灯笼,上面写着他们的名字和属地。"

图十八·渔民

这是一位扛着特制渔网的渔民，他使用的这种用木棍或竹竿做支架的方形渔网叫作罾，历史非常悠久。陈胜吴广起义的时候"乃丹书帛曰'陈胜王'，置人所罾鱼腹中"，其实就是用罾捕捞被动过手脚的鱼，果然在鱼肚子里发现写有谣谶的帛，借此"天意"俘获人心。

图十九·盆景花卉商贩

这是一位售卖盆景和花卉的商贩。盆景是一种起源于中国的传统艺术形式，以植物、山石、土、水等为材料进行艺术创作和园艺栽培，在盆中地塑造大自然的优美景色，有缩地成寸、小中见大的艺术效果。唐代章怀太子墓甬道东壁就有侍女手托盆景的壁画，宋代时盆景已经达到非常高超的水平。

图二十·布品商贩

这是一位销售各种布类商品的小贩，他的货品有手帕、袜子、布袋、烟草袋、吊袜带，等等，这些物品集中展示在一根叫作"闹竿"的竹竿上。中国古代一度流行货郎图，表现售卖各种商品的货郎，比较有名的有北宋苏汉臣的《货郎图》《卖浆图》，南宋李嵩的《市担婴戏图》《货郎图》，以及《春景货郎图轴》《婴戏货郎图》等。

图二十一·拉洋片艺人

这是一位拉洋片的中国艺人。早期的拉洋片，"片箱子"只是用青皮席子四面围起，上面掏几个圆孔，里面放几张画片。表演时，演员在一旁说唱，观众要趴在席子上，由圆孔向里观看。后来逐渐有变化。有意思的是，中国人将其称为"洋片"，而乔治·梅森则在怀疑欧洲类似的卖艺是不是源自中国。

图二十二·制箭工匠

这是一位造箭的工匠。中国古代有专门制作弓箭和弩箭的机构。唐代叫弩坊。宋代有南北造箭二库,后改为弓弩造箭院。元朝设有弓局和箭局制作弓箭,属于武备寺下的军器人匠提举司。明清设有兵仗局,掌造各项军器,其中有专门的箭匠一百多名。

图二十三·化缘的佛教徒

这是一位为重修寺院而化缘的佛教徒，他背着一块写有"募化重修"的木牌，跪地敲打木鱼以求布施。因为长期跪地劝募，他在膝盖上戴着护膝。根据乔治·梅森的观察，佛教是当时中国信众最多的宗教。在17—19世纪欧洲出版的关于中国的图册中，有大量中国僧人的形象。

图二十四·屠夫

图中是一位屠夫。乔治·梅森认为在所有的动物中,中国人最喜欢吃猪肉。中国人用猪肉制作的火腿远胜欧洲的。

图二十五·中国妇人

这是一位岁处中年的中国妇人,一手拿着一把扇子,一手持假花。乔治·梅森觉得她佝偻着腰,看起来会让欧洲人有种疼痛感。

食

炉灶三十二图

炉灶的历史颇为久远。古人总是将各种物品的发明权寄托在某个具体的名人身上，例如仓颉造字、杜康造酒、蒙恬造笔之类。灶的发明者，则一般认为是黄帝，也有说是炎帝，还有人认为是燧人氏。虽然我们不可能弄清楚是谁发明了灶，但毫无疑问，灶的出现，是文明进程中非常重要的一步。从考古来看，灶的历史甚至更加古老，在新石器遗址中就已经发现了地灶，在西安半坡村遗址，就发现了八十多个灶坑，呈现为不同形式的火塘，当时的住宅，就是以灶坑为中心。这种火塘，大体是在室内空地上立起三块石头，用木柴生火，常年不熄，白天做饭，晚上取暖。炉灶与人们的生活如此息息相关，以至于历史上有许许多多和灶相关的故事和文学作品，例如我们耳熟能详的"孙膑减灶"，但最能体现中国人对灶炉敬意的，则是灶王神信仰。灶神祭祀在先秦就已经很普遍，《礼记》里就有关于灶祭的描写，《论语》里提到"与其媚于奥，宁媚于灶"。先秦两汉祭祀灶神是在夏天，到了魏晋以后，因为灶神曾在腊日（腊月初八）显灵，所以不少人纷纷改为腊日祭灶，但南方地区则在腊月二十四日夜祀灶，这个日子逐渐普及，唐宋以后慢慢成为全国惯例。大概从唐朝开始，灶神还承担起司命神的职责，记录善恶，并在每年的年底上天告状，于是人们想尽各种方法讨好他，用酒糟迷醉，用饴糖涂嘴，甚至连他的坐骑也有"贿赂"。灶王爷鼓励人们在居家生活中多行善事、莫存恶念，真正成为中国人"薪火相传"的日常精神。

在民间，灶炉形态样式极为多元，在这部绘于19世纪的图册中，我们可以看到当时中国种种灶炉的样式。

中国古代典籍中并没有"凉炉"这个词汇（今天将煎茶专用的风炉叫作凉炉，则是受到日本影响），本图册里多次提及的凉炉，其实是需要"扇风点火"的炉灶，其得名的缘由，大概在于炉前扇风助火，与夏日摇扇清凉，用具和动作都几乎一样的缘故。

古代民间灶台种类繁多，从材质来看，有土夯、石垒、砖砌种种，而以砖砌（一般用青砖）灶台历史最悠久，也最具代表性。灶台之灶眼，也有单眼、双眼和多眼的分别，具体来说，还可细分为单眼单锅、单眼双锅、单眼多锅、两眼多锅种种类型。图中所谓"二踢脚凉炉"，就是双眼多锅的青砖砌灶台，这是中国南方灶台最常见的样式。

图一·二踢脚凉炉

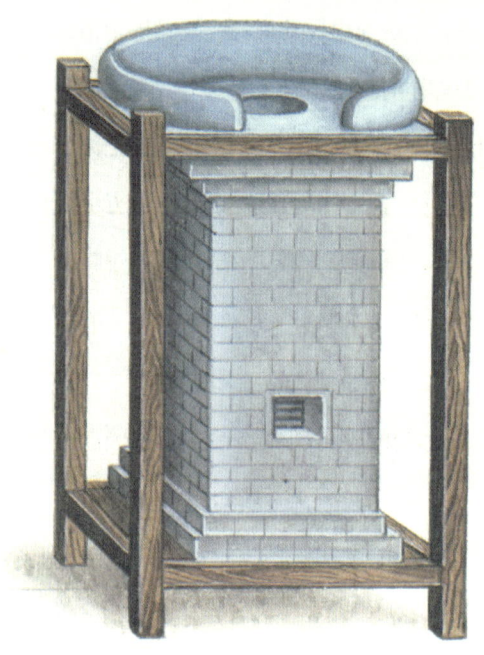

用来做饼的炉子，其形式和蒸食铺炉略相似。在中国古代很长的一段时期，饼实际上是各类面食的总称，比如汤饼是把面条或面片在水中煮熟，类似今天的面条和片儿汤。三国时期的大帅哥何晏面容细腻洁白，魏明帝怀疑他偷偷擦了粉，就在大热天请他吃汤饼，准备看他大汗淋漓时妆花掉的窘态。何晏果然吃得满头大汗，但脸却越擦越白，居然是纯天然美男子。后来"傅粉何郎"成为形容男子貌美的著名典故。再比如炊饼，也就是蒸饼（据说为了避宋仁宗赵祯的讳，改成了"炊"字），相当于今天的馒头。炉饼和烧饼（最早叫胡饼）则是将面饼放在炉上焙熟，类似今天的大饼，但往往有馅料。

图二·饼成炉

清代满族的饽饽包括一系列糕点，清代姚元之的《竹叶亭杂记》中说当时北京"有硬面饽饽、发面饽饽、筥子饽饽、实子儿饽饽等名。又新岁用水煮食若南人所谓饺子者，曰煮饽饽"。书中还提到他方进贡的搓条饽饽、豆面剪子股饽饽、打糕肉夹搓条饽饽、炸饺子饽饽、打糕饽饽、撒糕饽饽、豆面饽饽、蜂糕饽饽、叶子饽饽、鱼儿饽饽，等等。所以当时的饽饽铺里售卖的食物很丰富，老舍先生的《四世同堂》里，北平的满汉饽饽铺里竟能买到最好的粽子。乾隆年间进士李化楠的《醒园录》里记载了最经典的满洲饽饽的做法："外皮，每白面一斤，配猪油四两，滚水四两搅匀，用手揉至越多越好。内面，每白面一斤，配猪油半斤（如觉干些，当再加油），揉极熟，总以不硬不软为度。才将前后二面合成一大块，揉匀摊开，打卷切作小块，摊开包馅（即核桃肉等类），下炉熨熟。"

图三 · 饽饽铺炉

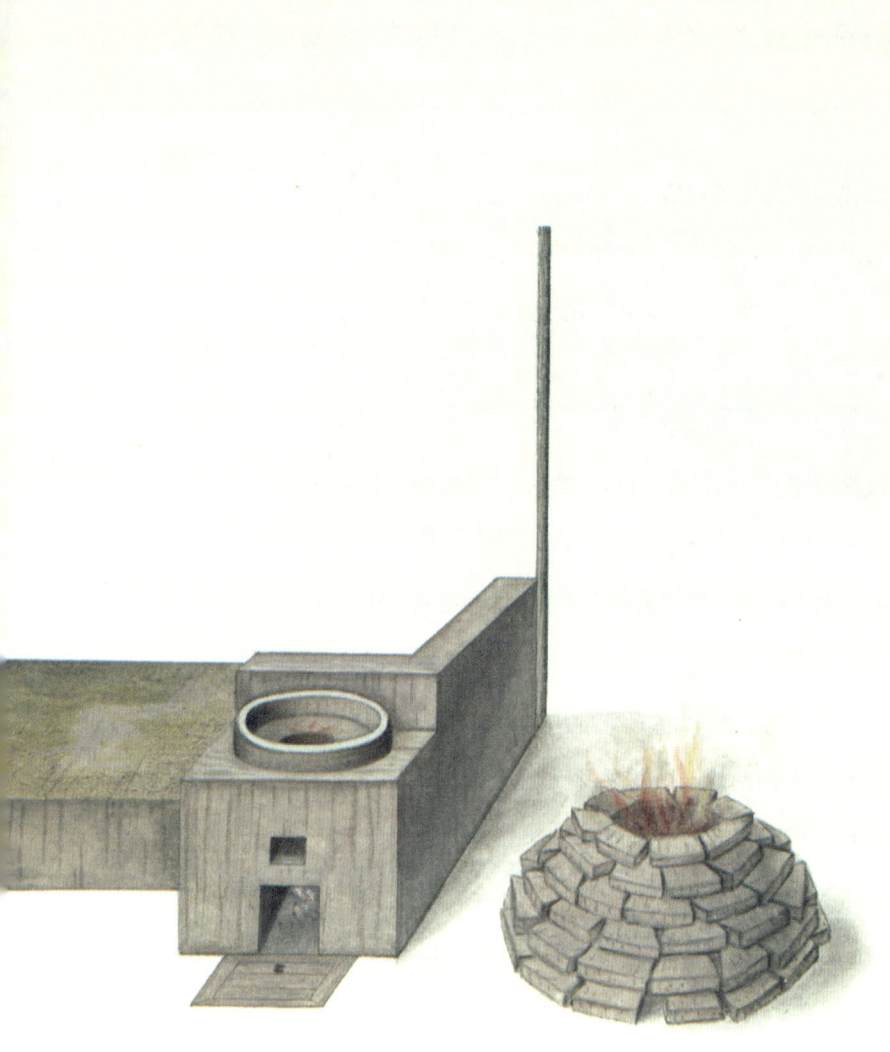

图中右侧所绘为做菜炉。做菜炉灶的历史可以上推到六七千年前的新石器时代,那时的住宅就是以火灶为中心建设的,火灶白天做饭,晚上取暖。从某种意义上,我们可以理解成在当时厨房是家庭的中心。后来人们发明了可以移动的陶灶,人们的烹饪方式随之从烧烤向蒸煮转变。到了商周时期,随着青铜器的盛行,还出现了青铜灶。大约在汉代,厨房成为独立的空间,并且有了相对专业的烹饪设备,做菜炉也有了专属的领地。

左侧为穷人火房炉。所谓火房,其实是清代收容乞丐的收容所,一般叫作火房,也叫鸡毛房,官方所设叫栖流所,民国后改叫乞丐收容所。日本学者、记者中野江汉在民国初期曾关注过这一场所,他询问为何叫火房,得到的回答是这里能够燃火取暖,因此也叫暖厂。而鸡毛房则有收集鸡毛然后钻进去的意思。这段问答收在其《北京繁昌记》一书中。

一般来说,乞丐们在夏天都在各处逍遥,寒冬季节,尤其是寒冬的深夜,往往需要来到这个寄居之处。图中的火房炉,便成为他们度过寒夜的唯一希望。

图四·做菜炉·穷人火房炉

图中是饭铺的灶台。清代把小饭店叫饭铺,如果兼有茶馆的业务,也可称之为茶饭铺。清代李光庭的《乡言解颐》中记载:"昔年之小饭铺,不过逢市集之期,卖麻花、烧饼、活络之类,今则有小楼之名,肴馔点心,且包办酒席矣。昔年无卖茶者,今则茶铺不止一家矣。"在清代小说《三侠剑》《续小五义》《大八义》等小说中,都有主人公在饭铺中活动的场景。

图五·饭铺灶上炉

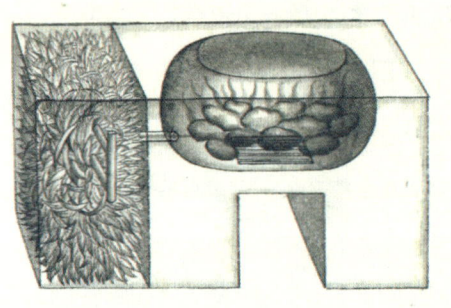

图六·2·风箱炉

使用风箱增加灶炉火势,在先秦就已经开始,《墨子》中在讨论如何防备敌人用打隧道来攻城时说:"穴内口为灶令如窑,令容七八员艾,左右窦皆如此,灶用四橐。穴且遇,以颉皋冲之,疾鼓橐熏之。必令明习橐事者,勿令离灶口。"其大意是说,在隧道口砌灶,须使灶的形状与烧陶器的窑差不多,使它能装下七八把艾草团,两边的瓦管道口都是如此。灶配备四个皮风箱。敌我双方隧道将要相接时,就用叫"颉皋"的武器冲破土层,立即鼓动风箱,以烟熏敌。一定要派能极其熟练地操作风箱者掌用风箱,不能让其离开灶口。墨子说的"橐"就是早期的风箱,准确地说是皮风袋。橐也叫橐籥,老子曾经感慨:"天地之间,其犹橐籥乎?虚而不屈,动而愈出。"他感慨宇宙不就像一个大风袋吗?虚空却不坍塌,来回往复越多,风便越多。

鼓风装置经历了皮囊鼓风、风扇鼓风、风箱鼓风和活塞式风箱鼓风,明代宋应星的《天工开物》中,便对各种风箱做过详细的介绍。图中的这种风箱炉灶一直活跃在中国人的厨房中。为了解释风箱炉灶的原理,图中还贴心地绘出了其内视图。对中国人来说,看这个图可能更能理解那句古已有之的熟语:"老鼠钻风箱,两头受气。"

下图中所绘的是煮茶的风炉。唐代茶圣陆羽最早用风炉煎茶，《茶经》中说风炉"以铜、铁铸之，如古鼎形。厚三分，缘阔九分，令六分虚中，致其污墁"。又说"其炉，或锻铁为之，或运泥为之"。在后代，风炉的形式也经过多次变化，而逐渐形成图中所绘的样式。

在宋朝人的诗词中，经常可以看到用风炉煮茶的诗句，比如陆游家里来了客人，便要"公闲计有客，煎茶置风炉"，要是没有客人，还是要"明窗睡起浑无事，篝火风炉自试茶"。也有人用这种小炉来煮药甚或用来炼丹。晚清风炉依旧是茶的"黄金搭档"，晚清民国时期著名作家程瞻庐在小说中写道："乡镇上的小茶寮叫作来扇馆，须有客人到来方才煽动风炉。"

煎茶与泡茶不同，元代《居家必用事类全集》中特别说明了"煎茶法"："煎茶，须用有焰炭火，滚起便以冷水点住，伺再滚起再点。如此三次，色味皆进。"

图六·b·煎茶百灰炉

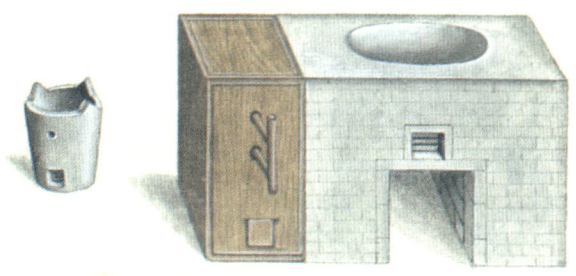

图七·架子凉炉

　　这是砌在木架中的风炉，木架下方设有抽屉，叫作炭箱，用来放炭。明代高濂的《遵生八笺》中说，一个茶寮，需要"侧室一斗，相傍书斋。内设茶灶一，茶盏六，茶注二，余一以注熟水。茶臼一，拂刷、净布各一，炭箱一，火钳一，火箸一，火扇一，火斗一，可烧香饼。茶盘一，茶橐二，当教童子专主茶役，以供长日清谈，寒宵兀坐"。不用来煮茶的风炉，也需要炭箱、火钳、火箸、火扇等工具。

所谓蒸食，就是蒸熟后吃的各种面食，例如馒头、包子之类，蒸食铺当然就是售卖这些食品的店铺，其中的炉子也专为蒸而设计。蒸食铺这个名字我们今天觉得陌生，但在清代民间常用，清代的话本《大八义》中便有在蒸食铺买蒸食的情节。

宋代把这类蒸食叫作"蒸作从食"，也简称"从食"。孟元老的《东京梦华录》中就有"曹家从食"等店铺，南宋周密的《武林旧事》卷六有一则《蒸作从食》，列举了当时市场上销售的蒸食，竟有五十多种。

顺便说一句，《水浒传》里武大郎卖的炊饼，也是一种蒸食，类似馒头，其实并不是今天的烧饼（不仅宋代的炊饼是蒸食，从上述《武林旧事》记载可以看到，宋代的烧饼也是蒸食），我们可以想象，如果历史上真有武大郎，他肯定也有一个类似图中所绘的炉灶。

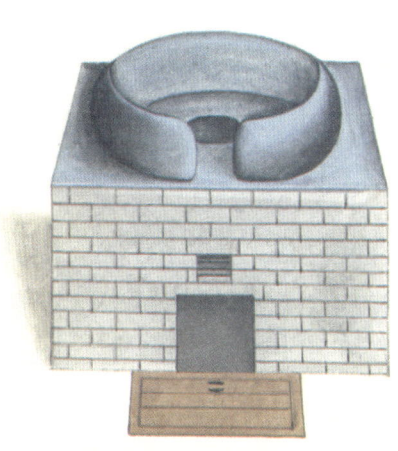

图八·蒸食铺炉

图九·酒铺凉炉

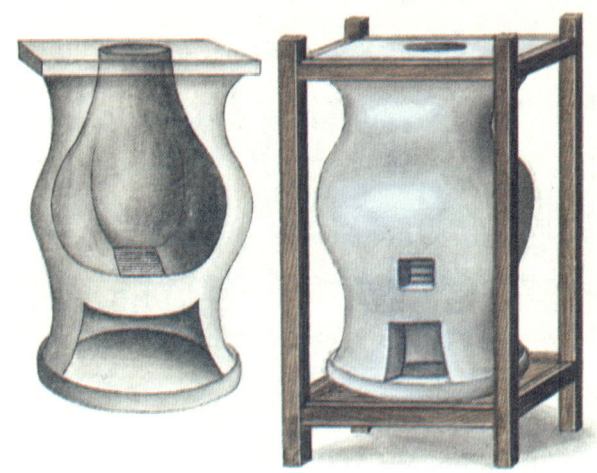

　　古代酿酒和温酒都需要炉灶。北宋末期成书的《北山酒经》是中国最早的酿酒专著，其中详细介绍了蒸馏技术使用之前我国的酿酒理论和技术。酿酒过程的第一步便需要浸米、烫米、蒸煮。而最后一步则需要"火迫酒"，大致方法是在酒瓮底侧钻孔，先塞住。倒入酒后，用黄蜡密封，搬到一个小屋中。再用砖将酒瓮垫高，在下面点火，之后关闭小屋，让酒在文火加热的情况下放置七天。七天后用酒瓮底侧的孔放出混浊的酒脚，整个酿酒过程至此才算大功告成。

大约在宋金时期出现了蒸馏法：先经过酿造，后进行用特制的蒸馏器加热蒸馏，经过冷却，最终得到高度数的烈酒。在宋代以前的酒都是没有蒸馏的黄酒（唐代文献中的烧酒、白酒等词都和今天不同），饮用的时候往往需要通过加热，三国时期关羽温酒斩华雄的故事更是脍炙人口。

蒸馏技术出现以后，烈酒和低度的黄酒并行至今。清末民初徐珂的《清稗类钞》中《京师之酒》记载："京师酒肆有三种，酒品亦最繁。一种为南酒店，所售者女贞、花雕、绍兴及竹叶青……一种为京酒店，则山左人所设，所售之酒为雪酒、冬酒、涞酒、木瓜、干榨，而又各分清浊……别有一种药酒店，则为烧酒以花蒸成，其名极繁，如玫瑰露，茵陈露，苹果露、山查露、葡萄露、五茄皮、莲花白之属。"其中京酒店销售的是烈酒，而南酒店销售的则是黄酒，这种南酒店中，就需要图中的酒铺炉灶。

图十·D·热奶茶炉

奶茶源于蒙古,清代主要流行在北方,满族人和蒙古族人较为喜欢饮用。徐珂的《清稗类钞》中载:"北人食奶酪。奶酪者,制牛乳,和以糖,使成浆也,俗呼奶茶,北人恒饮之。蒙古族人所食之奶酪,曰奶茶,与京师之面茶相类,冲炒米食之,即朝餐矣。平时亦饮之。"当时北京有奶茶铺,李光庭的《乡言解颐》中记载:"奶茶铺东安门外者,午夜即开门,朝士多即其间避风雪。"

元代开始出现一种专门用于喝奶茶的壶,叫作"多穆壶","多穆"是蒙古语音译,意为"盛奶茶的桶",也称"东布壶",这种壶在元代比较简单,用金属或皮革把木头箍成壶,也有用皮革制成的。多穆壶在清代非常流行,多为瓷器,壶体呈桶形,上部往往有僧帽状的装饰,一侧有弯曲的流。多穆壶主要是用来盛放熬好的奶茶,图中展示的则是用来熬制奶茶的茶炉,其形状略近于多穆壶。

烧羊肉历史极为悠久，历代记载不绝。清代陈恒庆的《谏书稀庵笔记》中介绍了当时北京吃羊肉的情况："都中羊肉极肥嫩，宰羊者皆回民，不敢自宰，必待老师父宰讫，予以赀数十文，乃自行体解而鬻之。其教规至严，笃信甚深。……冬月多喜食烤羊肉、炮羊肉，或火锅攒羊肉，皆美。户部街有五香酱羊肉，以盒盛之，行千里不败。夏日则烧羊肉，其汤浓腴。大抵皆食绵羊，不食山羊。其白煮者曰羊膏，亦有羊杂，以深沟胡同所鬻为美。"可见羊肉铺大都是回民所开，而且当时人们就已经注意到，真正的美食，其实是藏在胡同小巷深处的。

而在清代著名的美食谱《随园食单》中，袁枚提到烧羊头、煨羊蹄、羊羹、羊肚羹、红煨羊肉、炒羊肉丝、烧羊肉等美食，甚至提到当时有全羊宴，一桌有各种羊肉美食七十二种，他还对在钱均沙家吃到的"锅烧羊肉"念念不忘。图中展示的正是烧羊肉的锅。

图十·6·烧羊肉炉

图十一-a·烧心肝烧猪头肉炉

猪羊等动物内脏和猪头很早就走上餐桌，在宋代更是成为市场上热销的美食。宋代孟元老的《东京梦华录》中记载当时的开封街市上，有用猪内脏做成的肉夹馍"猪胰胡饼"，有"煎肝脏"。

南宋吴自牧的《梦粱录》中记载的杭州肉铺销售的美食中，就有"糟猪头肉"和"头、蹄、肝、肺四件"熟食，酒肆中的菜品，有"肝事件""衬肠血筒燥子"，面食店里的下饭菜，有"煎衬肝肠""煎肝"。沈括在《梦溪笔谈》中记载，他的好友杨鼎臣请他吃蒸猪头肉，并告诉他"川人嗜此肉，家家养猪"。《金瓶梅》第二十三回里，详细描述了潘金莲等人吃猪头肉的情形。

中国发酵的低度酒大都烫热饮用。所谓温酒、烫酒，一般是把酒壶放到盛有热水的其他容器中，大约在商周时期就出现了成套的温酒设备。但也有直接把酒加热的情形，称之为"煮酒"。

有趣的是，在四大名著中，除了《西游记》中神仙妖怪喝酒都不烫，其他三部里都有关于烫酒和煮酒的精彩段落，例如《三国演义》中，便有"曹操煮酒论英雄，关公赚城斩车胄"的经典一回。《水浒传》中"林教头风雪山神庙，陆虞候火烧草料场"这一回中，李小二店中的烫酒桥段便是关键环节。《红楼梦》中"林潇湘魁夺菊花诗，薛蘅芜讽和螃蟹咏"一回，也描述"那边有两三个丫头煽风炉煮茶；这边另外几个丫头也煽风炉烫酒呢。"

图十一·b·热酒炉

图十二·D·蒸满首炉

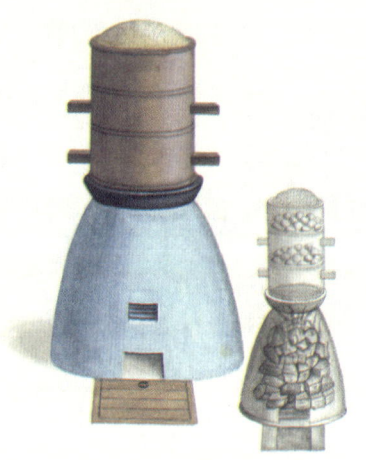

满首就是馒头。宋代开始,有人提出馒头源于诸葛亮,宋人高承的《事物纪原》卷九中记载:"小说云昔诸葛武侯之征孟获也,人曰蛮地多邪术,须祷于神,假阴兵以助之,然蛮俗必杀人,以其首祭之,神则向之,为出兵也。武侯不从,因杂用羊豕之肉以包之以面人头以祠,神亦向焉,而为出兵,后人由此为馒头。"诸葛亮征讨孟获时,有人建议祭祀神明,但这里的神明需要供奉人头,诸葛亮用面包上羊肉和猪肉做成人头的样子来祭祀,居然也取得了效果。这当然是有趣但并不可信的传说,据日本汉学家青木正儿在《中华名物考》中考证,馒头这个名称最早见于晋代束皙的《饼赋》,写作"曼头",曼字是用来形容皮肤细腻而光滑,蒸熟的馒头也给人类似的感觉,这便是其命名的缘由。

今天大部分地区以有无馅料来区分馒头和包子,不过这两个词在古代往往混用。宋代就已经有专门的包子铺了,《梦粱录》卷六中记载:"更有包子酒店,专卖灌浆馒头、薄皮春茧包子、虾肉包子、鱼兜杂合粉、灌煎大骨之类。"

西方蒸食技术不似中国普遍,所以图册中非常贴心地绘出了灶台和蒸笼的内部细节,以此解释蒸食的原理。

这是榨油过程中一个环节会用到的炉灶。明末清初方以智的《物理小识》卷九《各种取油》记载:"榨油先炒子磨之,又碾之,乃蒸之,草苴入铁围上,榨蒸不可太过,太过则有水气。"图中所绘就是榨蒸的炉灶,它不仅展示出了炉灶的外部构造,也绘制出了炉内结构。

图十二·6·做油炉

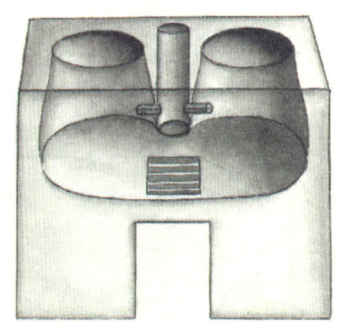

图十三·青银炉

银房用来熔化现银的银炉,是铸造宝银的机关。南称银炉,北称炉房。清代有官设和私设之分,私设者多在各大商埠,它们的业务主要是受钱庄或商号的委托,以生银等改铸当地通行的宝银,改铸时要收取定例的铸造费。

图中右侧所绘为烟甫炉,用途不详。

图左侧所绘为"汉东西炉"。"汉"是"焊"的误字,图中是焊接时用来烧金属的炉子。现代焊接技术种类众多,古代焊接技术则主要是锻焊,就是将金属加温后再用锤子反复击打,最终使其焊接在一起。一般焊后会对痕迹进行处理,如果焊接技术高超,器物上基本看不出痕迹。

焊接是古代金银器、铁器制作的主要技术之一。

图十四·烟甫炉·汉(焊)东西炉

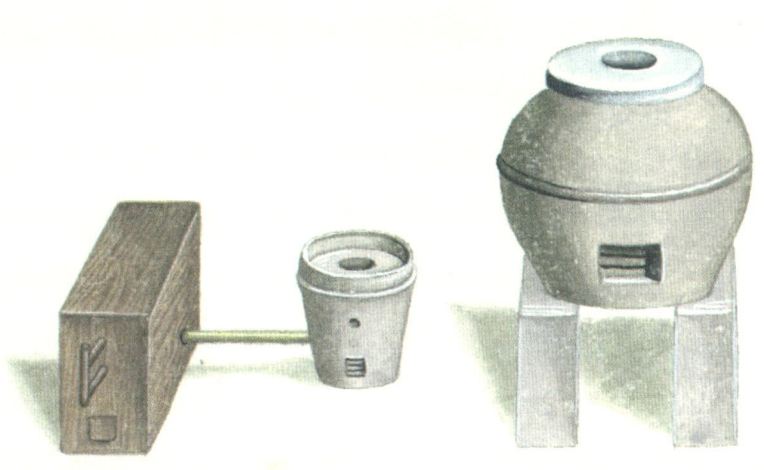

图十五·凉铁炉

铁质的风炉，需要用扇子扇风助燃。这种扇子叫葵扇，一般也叫芭蕉扇。《西游记》中便有一位有名的铁扇公主，其法宝正是一把芭蕉扇，这扇子使用不当，确实很能煽风点火。孙悟空第一次借得扇子，在火焰山下取扇尽力一扇，火势愈烈，险些烧着身体，才知被公主愚弄。

明清市井俗语里往往用"风炉扇"来形容喜欢兴风作浪，到处拨弄是非的人。清代邵彬儒的《俗话倾谈》里就有"一两个搅屎棍、风炉扇"的说法。

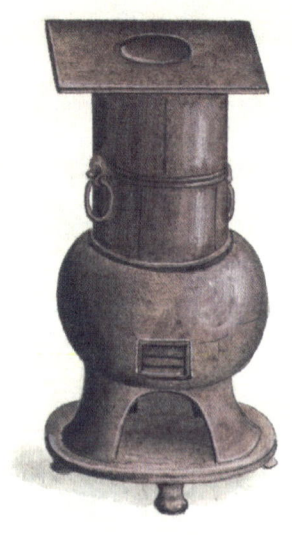

古代文献中的铁炉往往指的是冶铁炉（也叫打铁炉、炼铁炉），日常生活中铁制的炉灶并不多见。明代朱国祯的《涌幢小品》中介绍冶铁技术，罗列了铁矛、铁戟、铁剑、铁刀、铁人、铁牛、铁镬、铁釜、铁棺等铁器，但没有提到铁炉。当时人们在日常生活中能接触到的铁炉，主要是寺庙道观中装饰性的宗教用具，这类铁炉有实物流传至今。

图中的八角铁炉因炉面形状得名，这种铁炉在近现代比较常见，但在清代比较稀有。

图十六·八角铁炉

图十七·驴肉汤甫炉

"甫"应是"釜"的误字。釜就是后来的锅,曹植著名的《七步诗》中写道:"萁在釜下燃,豆在釜中泣。本自同根生,相煎何太急。"釜炉在这里是釜和炉两件摆在一起的器物的联称。

这个炉灶和锅的用途是炖驴肉汤。虽然今天有"天上龙肉、地上驴肉"的俗语,也有驴肉火烧之类的名小吃,但古代吃驴肉并不普遍。《南史》中记载南朝陈被隋灭后,陈后主也被俘到北方。隋文帝问看管者陈后主喜欢吃什么,回答说"嗜驴肉",问能喝多少酒,回答说"与其

子弟日饮一石"，隋文帝大为震惊。宋代《太平广记》中还记载有一个因喜吃驴肉而虐杀驴，最终遭到报应的故事："唐内侍徐可范，性好畋猎，杀害甚众……性嗜饯驴，以驴縻绊于一室内，盆盛五味汁于前，四面迫以烈火，待其渴饮五味汁尽，取其肠胃为馔。前后烹宰，不记其数。"后来他随从唐僖宗入蜀时发病，每次睡觉都看见一群鸟兽啄吃身上的肉，痛苦万状，必须在自己的床下面笼上火，用油醋浇满身体，再用渔网覆盖全身，才能觉得好受些，这样夜以继日，等要死的时候，只剩一把黑骨头了。

虽不多见，清代也有一些驴肉馆子，清人梁恭辰的《北东园笔录》中便说山西晋祠附近，"其地有酒馆，烹驴肉最香美，远近闻名，来饮者日以千百计，署扁曰鲈香馆，盖借鲈为驴也"。这家店处理驴也非常残忍，"其法以草驴一头，养得极肥，先醉以酒，满身排打，将割其肉，先钉四桩，捆住其足，而以巨木一根横压于背，击其头尾，使不得动。初以百滚汤沃其身，将毛刮尽，再以快刀零割其肉，或要食腿，或食肚，或食脊，或头尾，各随客便。当客下箸时，其肉尚未死绝也"。这店开了十多年后，因过于血腥残忍，在1780年（乾隆四十六年）被山西巡抚巴延三查禁，店主被斩首，其他十多人被充军。

图十八·行造泥炉·花盆凉炉

图右侧所绘为行造泥炉。所谓"行造",就是即将造好,言下之意便是尚未完全造好,这是一个造好了坯子的泥炉。小泥炉既是普通百姓生活用品,也是文人雅士所热爱的文雅之物。今天我们要感受小泥炉的意境之美,可以再次诵读白居易的名句:"绿蚁新醅酒,红泥小火炉。晚来天欲雪,能饮一杯无?"

图左的炉子不是用来加热花卉的炉子,而是因为形似花盆而得名。有趣的是,中华人民共和国成立后,有种烧原煤、块煤为主的炉子,因为炉膛形似花盆,也被叫作花盆炉。

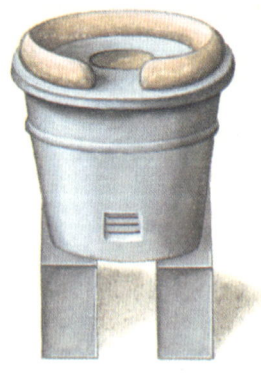 

右侧为炒豆炉。清末民初徐珂的《清稗类钞》中介绍炒豆的做法："炒豆者，以大豆照炒米法为之。或冻数夜，照炒糖豆法为之，亦妙。"事实上，这种将粮食直接炒熟吃的方法历史悠久，《孟子·尽心上》云："舜之饭糗茹草也，若将终身焉？""糗"就是炒熟的米麦等谷物，和后来的炒米、炒豆方式差不多。

左侧为芝炉，用途不详。

图十九·炒豆炉·芝炉

图二十·0·烧牲口炉

这是一种特制的挂炉,将小猪、鸡、鸭整只动物挂在炉上加热烤熟,成品往往色泽金红,皮脆肉嫩。这种烹饪方法在清代盛行,李斗的《扬州画舫录》卷四中就记载有"挂炉走油鸡鹅鸭",潘荣陛的《帝京岁时纪胜》中记载的中秋节的时令食物,有"南炉鸭,烧小猪,挂炉肉",清代梦花馆主的小说《九尾狐》中提到"挂炉烧猪"。晚清全聚德烤鸭店的挂炉烤鸭流传至今,颇为知名。

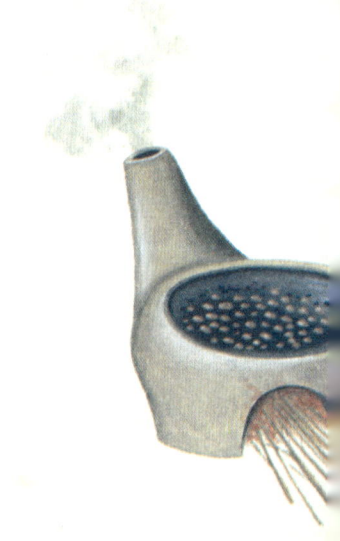

"梨子"是"栗子"的笔误。炒栗子行当在北宋就已经出现，南宋陆游的《老学庵笔记》卷二中记载："故都李和炒栗，名闻四方。他人百计效之，终不可及。绍兴中，陈福公及钱上阁恺出使虏庭，至燕山，忽有两人持炒栗各十裹来献，三节人亦人得一裹，自赞曰：'李和儿也。'挥涕而去。"北宋汴梁的"李和炒栗"四方知名，但靖康之变后流落燕山，南宋绍兴年间有使臣出使金国，有人流着泪为使者献上炒栗，原来他正是当年的李和。

南宋《梦粱录》中记载当时杭州分茶酒店的美食时提到"秋有炒栗子"。元代《居家必用事类全集》中记有"旋炒栗子法"，方法是"不拘多少，入油纸捻一个沙铫中炒，或熨斗中炒亦可，候熟，极酥甜。香美异常法"。明代宋诩的《竹屿山房杂部》中记载有另一种炒栗子法："先以众栗中选择二栗底面方，可作合者，却以一枚用香油涂湿，一枚用白水涂湿，仍以作合，置锅底，然后取众栗逐旋盖覆二栗之上，虽多亦不妨。却盖锅口合缝，火烧一饭顷，取出，其栗颗颗有油且不粘壳，尤其酥烂。"

清代流行糖炒栗子，清代范祖述的《杭俗遗风》说当时杭州人在重阳节这天，人们要去"城隍山、紫阳山登高，吃糖炒栗子"，而北京的炒栗尤其负有盛名，赵翼的《陔余丛考》卷三十三《京师炒栗》条说："今京师炒栗最佳，四方皆不能及。"炒栗子需要特殊的炉灶，图中所绘的就是炒栗炉。

图二十·6·炒梨（栗）子炉

图二十一 · 熬粥炉

图中是煮粥的炉灶。晚清北京有大量粥铺,光绪年间闲园鞠农撰写的《燕市货声》一书中记录了当时北京店铺货郎的吆喝声,其中粥铺的吆喝是这样的:"喝粥咧,喝粥咧,十里香粥热的咧!炸了一个焦咧,烹了一个脆咧,脆咧焦咧,像个小粮船的咧,好大的个儿咧!锅炒的果咧,油又香咧,面又白咧,扔在锅里漂起来咧!白又胖咧,胖又白咧,赛过烧鹅的咧,一个大的油炸的果咧!水饭咧,豆儿多咧,子母原汤儿的绿豆的粥咧!"

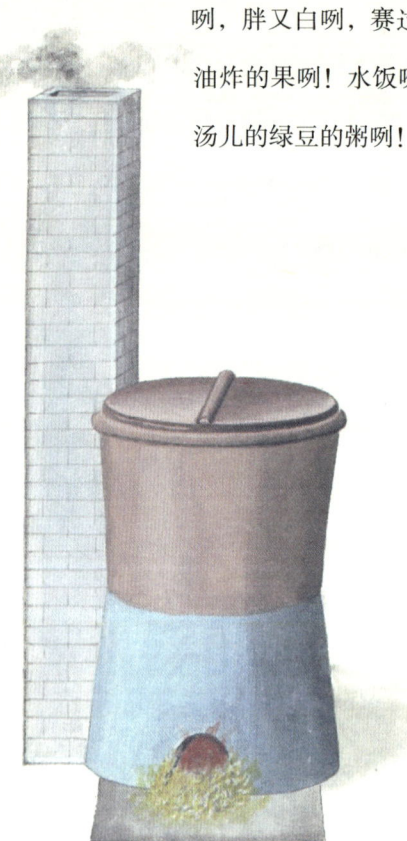

饽饽在前面《饽饽铺炉》图下已经做了一些介绍，本图中的炉子比较特殊，炭火吊在食物上方进行煨烤，这种叫作吊炉，老北京吊炉烧饼就是这种做法。国家图书馆藏清代民间艺人绘画稿本《北京民间生活彩图》中就有类似的图像。

清代褚维垲的《燕京杂咏》竹枝词中有一首："谁言嗜味本相同，饽饽炉头熨火红。赢得如兰好气息，卷和伏酱裹春葱。"

图二十二·达子饽饽炉

图二三·贴烧饼炉·退（煺）猪炉

图右为另一种吊炉烧饼，使用特制的红砖烤炉，将做好的烧饼倒贴在炉膛上方，下面用火烧烤，成品往往焦脆香酥。清代话本小说《小八义》中说的"路南茶店人不少，北边红炉贴烧饼"，就是类似的情景。

图左为"退猪炉"，"退"是"煺"的误字，煺猪就是将已宰杀的猪用滚水烫后去掉毛，一般由猪屠进行，图中的炉灶即为烧水煺毛之用。

图右为古子凉炉,"古"是"鼓"的误字,因风炉形状接近腰鼓而得名。图中的鼓子风炉设计富有创新性,较为稀见。

图左为小型风炉,古代这类炉子主要用于煮茶、煮药、温酒和炼丹。宋代牟巘五诗云:"旧说蜜殊惟饮蜜,不妨试候小风炉。"

图二十四・古(鼓)子凉炉・小凉炉

图二十五·做蒸儿糕炉·造笋炉

图右为做蒸儿糕炉。蒸儿糕是南京特色糕点，制作时需要木制的蒸儿糕模具、蒸锅和炉灶，图中设备将三者结合在一起，才是专业的蒸儿糕炉。

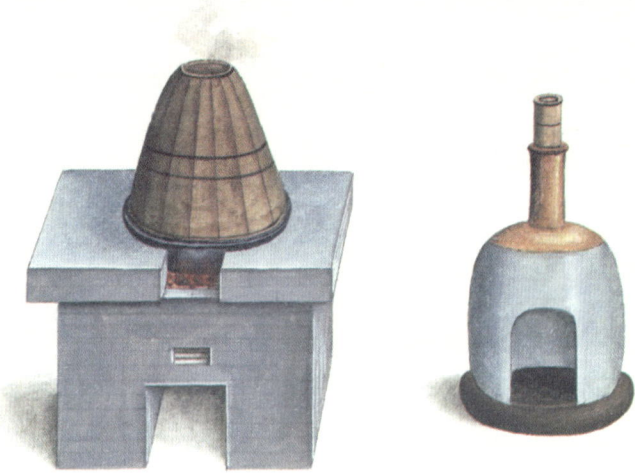

图左用于造竹纸时蒸竹子的炉灶，在乾隆年间法国耶稣会传教士蒋友仁的《中华造纸艺术画谱》中便有类似图像。

右侧描绘的是梯头甫炉,"梯"头是"剃"头的误字,这是剃头匠使用的炉子。剃头就需要经常洗头,这个炉灶主要负责烧热水。古代还有很多挑着担子的流动剃头匠,他们在担子的一头挑着剃头的工具,另一头则是一个小火炉,用以在工作时烧水。由此还衍生出一个歇后语:剃头匠的担子——一头热。

左侧是铁匠使用的打铁炉。古代很早就有冶铁炉,配套有鼓风设备的称为高炉或竖炉,此类冶铁炉在战国时期已经出现,汉代时已经比较成熟了,在河南等地先后发现有多处汉代冶铁竖炉的遗迹。明代《涌幢小品》记载的遵化铁炉"深一丈二尺,广前二尺五寸,后二尺七寸,左右各一尺六寸,前辟数丈,为出铁之所,俱石砌。以简千石为门,牛头石为心,黑沙为本,石子为佐。时时旋下,用炭火置二鞴扇之,得铁日可四次"。

图二十六·梯(剃)头甫炉·铁匠甫炉

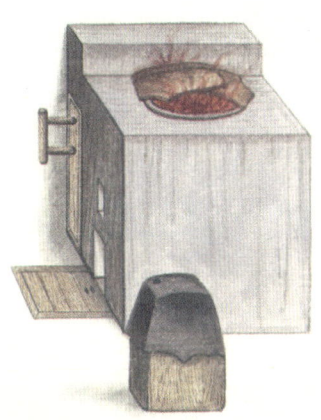
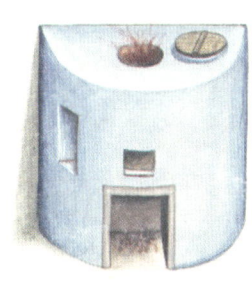

图二十七·造白酒炉

　　图中也是造酒的情形。宋代朱肱的《北山酒经》中记载造酒后煮酒的细节:"凡煮酒,每斗入蜡二钱,竹叶五片,官局天南星丸半粒,化入酒中,如法封紧,置在甑中(第二次煮酒不用前来汤,别须用冷水下)。然后发火,候甑箪上酒香透,酒溢出倒流,便揭起甑盖。取一瓶开看,酒滚即熟矣。便住火,良久方取下,置于石灰中,不得频移动。白酒须泼(泼为澄字之误——引者注)得清,然后煮,煮时瓶用桑叶冥之(金波兼使白酒曲,才榨下槽,略澄折,二三日便蒸。虽煮酒,亦白色)。"

图中反映的是使用蒸馏器制作烈酒的过程。蒸馏酒比传统酿造酒多一道工序，在低度数的酿造酒制成后，用特制的蒸馏器将酒液、酒醪或酒醅加热，经过冷却收集，以提高其度数，后再兑以适量的水，最终得到的无色而气味辛辣浓烈的烈酒。

中国古代"烧酒"一词出现很早，但早期的烧酒并不是后来所说的这种烈酒，而是对发酵酒进行低温加热，以灭活灭菌，促进酒的成熟，如白居易诗云"烧酒初开琥珀香"，明显还是黄酒。

蒸馏技术大约在宋代以后才用于酿酒。李时珍在《本草纲目》中写道："烧酒非古法也。自元时始创其法……近时惟性以糯米或粳米或黍或秫或大麦蒸熟，和曲酿瓮中七日，以甑蒸取。其清如水，味极浓烈，盖酒露也。"

图二十八·造烧酒炉

图二十九·相（乡）村里炉

"相"是"乡"的误字，图里介绍的是乡村中常见的火炉，图中灶台连接纯由土坯制成的火炕，做饭烧炕相兼，做饭时，火的烟气通过火炕使炕生热。清代樊彬的《土炕》诗云："莫以牙床耀锦茵，聊依炕暖便安身。土阶土俭风犹古，泥壁分材制亦新。"

对于乡村百姓来说，一家人围着炉子聊天甚或沉默，便是人生乐事。咸丰四年（1854年）王永彬撰写的《围炉夜话》一书之序言，正可用来说明这种质朴的生活情趣："寒夜围炉，田家妇子之乐也。顾篝灯坐对，或默默然无一言，或嘻嘻然言非所宜言，皆无所谓乐，不将虚此良夜乎？余识字农人也。岁晚务闲，家人聚处，相与烧煨山芋，心有所得，辄述诸口，命儿辈缮写存之，题曰《围炉夜话》。"

火炕由炉灶、炕体和烟囱三部分构成，通过炉灶烧火取暖。一般来说，火炕的炉灶形制并无定规，根据房间实际情况因地制宜。图中炉灶为月牙形，因此取名为月牙炉。

图三十·烧炕月牙炉

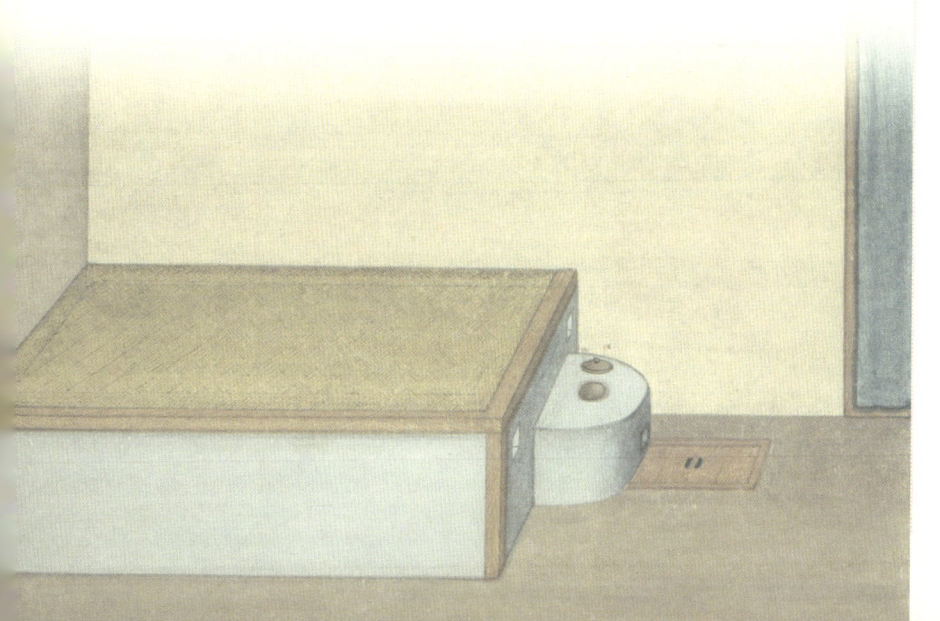

火炕有柴火炕与煤火炕之分。清代《帝京岁时纪胜》中记载当时的北京："西山煤为京师之至室，取之不竭，最为便利。时当冬日，炕火初燃，直令寒谷生春，犹胜红炉暖阁，人力极易，所费无多。"

图三十一·高炕炉

在地上挖洞做炉灶供暖。金代赵秉文的《夜卧炕暖》诗中写道："京师苦寒岁，桂玉不易求……近山富黑鹥，百金不难谋。地炕规玲珑，火穴通深幽。长舒两脚睡，暖律初回邹。门前三尺雪，鼻息方齁齁……"虽然室外雪积三尺，寒冷彻骨，但在这种地炉加热的火炕上，人却能酣然入睡。

图三十二·抽底地炉

住

家具陈设二十七图

《家具陈设画册》由晚清中国外销画家发呱绘制,全套共四十六幅,内容主要为中式家具,如柜架、椅凳、桌案、床榻、轿子、灯笼及相关陈设摆件,如屏风、书箱、瓶座、碟架、瓷瓶、杯盘、文房器物,等等,每幅纸背有手写英文介绍。

发呱生平不详,大约生活在19世纪早期。从现存的作品来看,他(或者他的团队)涉及的绘画门类很广。本书前印有他的商标,写着"发呱,油画、水彩画和玻璃画家,广州中国街"。

发呱也是最早在通草纸上作画的画家之一。美国费城商人小罗伯特·沃琳(Robert Waln Jr.)1819—1820年在广州逗留期间,见到当时十三行的五位中国画家,其中就有发呱,居住在新中国街。当时有不少广东外销画家被称为"某呱",将画家称之为"画官",是一种对职业的尊称,当时十三行的一些画家可能也确实有顶戴。

家具是与人们日常生活起居息息相关的重要器具,中国室内家具以木材为主,也用竹材和其他材料,类型丰富,形式多样,留存至今的家具则以明清时期为主。明清家具大体上可以分为卧具、坐具、起居用具、屏具、存贮用具和其他日用杂具几类,在发呱的图册中均有涉及。

图中家具是摆满图书的书格,也就是书架。中国的书籍和书架随着历史变化而发展。秦汉以前,文字主要写在竹简和木板上,收藏时捆成一卷。东汉简册、帛书、纸书并行,三国以后纸书开始风行。帛书、纸书的形态是卷轴,为了存放取用方便,将其插放在书架中,称为插架。唐代李泌家富藏书,韩愈诗中云:"邺侯家多书,插架三万轴。"隋唐时期雕版印刷开始发展,到宋代,册页书籍开始盛行,书籍装帧方式也以线装为主。为了保护图书,往往制作函套,也就是厚板纸作里层,外面用布或锦等织物装裱而成的盒式外套。图中书架上就有装在不同颜色的函套中的图书。

书架伴随着书籍形态的变化而不断改进,其形态变化多样,多有各种别出心裁的巧妙设计,材质也多用高级木料,也有竹或其他材质的书架。图中的书架造型轻盈,分为四层,中间隔以抽屉二具。旁边的小书架则式样颇为别致。

明代文震亨在《长物志》中描述了他心目中理想的书架:"书架有大小二式,大者高七尺余,阔倍之,上设十二格,每格仅可容书十册,以便检取;下格不可以置书,以近地卑湿故也。足亦当稍高。小者可置几上。二格平头、方木、竹架及朱墨漆者,俱不堪用。"

图一·书架

这是兼具博古架特征的书桌。博古架是为陈放文玩古物而设计的架子，框内高低错落形成大小不等的若干个小格。一般陈设于书房、客厅。清代中期绘画及版画中常有描绘。

放置在案头供观赏的物品摆设叫作清供，主要包括各种盆景、插花、时令水果、奇石、工艺品、古玩、精美文具，等等，可为厅堂、书斋增添生活情趣。佛手的形状千姿百态，妙趣横生，又音谐"福寿"，给人一种吉祥之感，故而是清代文人非常喜欢的一种案头清供，清初《燕寝怡情图》中一张条桌上摆放着一大盆佛手，有十多支。晚清著名画僧虚谷的《清供》四条屏中，便有佛手的一席之地。《红楼梦》中描写探春的秋爽斋，就是"左边紫檀架上放着一个大观窑的大盘，盘内盛着数十个娇黄玲珑大佛手"。本图中也绘有佛手清供。

图二·博古架书桌

清代李渔在《闲情偶寄》中，对人与床的关系有一段非常精彩的表述："人生百年，所历之时，日居其半，夜居其半。日间所处之地，或堂或庑，或舟或车，总无一定之地，而夜间所处，则止有一床。是床也者，乃我半生相共之物，较之结发糟糠，犹分先后者也。"

床最早出现在春秋战国时期，《诗经》云："乃生男子，载寝之床，载衣之裳，载弄之璋。"到明清时，主要有架子床、罗汉床、拔步床等类型，图中所绘便是架子床。

架子床是四面有柱子承托床顶的大床的统称，可以悬挂蚊帐、锦帐之类。东晋顾恺之的《女史箴图》中，就绘有一种围屏架子床。架子床有多种形态，四角设四根木柱，顶部设有四根横杆，称为"四柱床"。有的设六柱，在四柱床的基础上，正面两侧多设两柱为门，叫作"六柱床"，本图所绘就是这一类型，床的四周门围子和顶部的床楣都有镂空雕花设计，牙子上有精美的花纹。架子床一般为长江以南使用，北方普遍用暖炕。传说明代有名的"木匠皇帝"朱由校就曾设计制作过一张精美的床，令其他木匠称赞不已。

图三·架子床

图中展示了三种家具，分别是圈椅、交椅和长条坐凳。清代李斗的《扬州画舫录》卷十七中说，当时"椅有圈椅、靠背、太师、鬼子诸式。凳有圆、方、三六八角、海棠花及连凳春凳诸式……小儿有方、圆、三角、六角、八角、曲尺、如意、海棠花诸式"。今天则一般将明清椅子分为宝座、交椅、圈椅、官帽椅、背靠椅、玫瑰椅等。

圈椅可能始于唐代，唐代周昉的《挥扇仕女图》中有位戴玉莲冠的妃子手执团扇坐在一把椅子里，形状接近圈椅。圈椅圈背连着扶手，座靠十分舒适。图中的圈椅扶手与搭脑自然连圈，背板稍后弯曲形成舒适的角度，整体颇具简洁之美。如果观察四条椅腿之间的枨木，会发现背后一条明显稍高一些，这叫作"步步高"赶枨，寓意着"步步高升"。

椅源自汉代北方传入的胡床，大部分交椅上半部分和圈椅一样，椅足则呈交叉状。图中这把交椅设计具有一定艺术功底，它没有扶手，背部弧线弯曲，独板靠背高出搭脑，结构合理，比例舒展。圈椅和交椅在实际摆放中，往往成对出现。

图四·圈椅·交椅·长条坐凳

图中的桌子比较少见,形似扇面,称为"扇面桌",大小相当于六方桌的一半。王世襄先生在《明式家具研究》中推测,当使用时可能会将两张拼成一个六方桌。

扇面桌的旁边是一架插屏式座屏。屏风是非常古老的家具,在汉代以前,屏风甚至一度是室内的主要装饰性家具。东汉李尤《屏风铭》云:"舍则潜避,用则设张。立必端直,处必廉方。雍阏风邪,雾露是抗。奉上蔽下,不失其常。"赋予屏风厚重的文化精神。座屏也叫落地屏风、地屏,是一种单扇落地带座的屏风,一般比较高大,是古代厅堂内的重要家具,常放置于居室正中,有庄重而稳厚之感。

明清时期,落地屏风制作选材精良,工艺精美,有木雕、嵌石、嵌玉与雕漆等装饰手法,图中屏心就镶嵌了一副绘有墨彩山水的瓷板画。文震亨的《长物志》中说:"屏风之制最古,以大理石镶下座精细者为贵。"明清还有以大理石磨砻的画面石镶嵌的落地屏风,山水画面是大理石的天然纹理,尤为难得,今天在留园等苏州园林中还能见到。

图五·扇面桌·插屏式座屏

明清长桌可以分为条桌与条案。桌与案的区别在于桌角的位置，王世襄先生在《明式家具研究》中把腿足在面板四角的称为"桌形结体"，把四足不在四角而在缩进一些位置的称为"案形结体"，也就是说桌的腿足在面沿四角，而案则是案面两端向里收进一些的位置。在日常生活中，也有人把大一些的叫"案"，小一些的叫"桌"。

条桌与条案又分为平头和翘头两种，图中所绘的就是平头条桌，束腰，四直腿间设罗锅枨，直腿内翻马蹄足，富有立体感。条案上陈设有瓷器、竹器和青铜器。其中最右边的青铜器叫作"觚"，喇叭形口，细腰，高圈足，原本是酒器。

图六·平头条桌

一个形状独特的装饰性格架，可以用来摆放书籍及各色文玩古物。图中作为清供的水果是香橼。香橼在宋代就进入了文人生活，南宋周密的《武林旧事》中罗列临安市售的"小经纪"，其中有"香橼络儿""香橼坐子"，所谓香橼络儿，大约是用丝线将香橼编结以供居室、帐中悬挂。《儒林外史》中说"枕头边放着薰笼，床面前一架几十个香橼结成一个流苏"，正是类似的做法。以香橼作为清供也是明清风尚，甚至为此出现了专门盛放香橼的香橼盘。

图七·格架

图中是设有椅帔的玫瑰椅和设有桌帏的方桌。方桌上陈设有一柄玉如意和一盆盆景。

玉如意是清代常见的陈设，在乾隆时期发展到高峰。乾隆皇帝的诗集中，有《咏和阗玉如意》《咏白玉如意》《题檀玉如意》《题和阗玉如意》等共八十七首，其中一首写于乾隆四十七年的《咏和阗玉如意》中写道："一握玉如意，长盈尺有奇。柄文浑胜画，首素待题诗。"

明清时期，文人也喜欢将盆景置于几案，《长物志》说桌上"宜置盆景及古石"。明代高濂的《遵生八笺》中记载，"盆景之尚，天下有五地最盛：南都，苏、淞二郡，浙之杭州，福之浦城，人多爱之。论值以钱万计，则其好可知。但盆景以几桌可置者为佳"，而且在他看来，所有盆栽中以天目松为第一，"如最古雅者，品以天目松为第一，惟杭城有之，高可盈尺，其本如臂，针毛短簇"。图中所绘的盆景就是一棵松树。

图八·带椅帔的玫瑰椅与带桌帏的方桌

图九·竹制凉轿

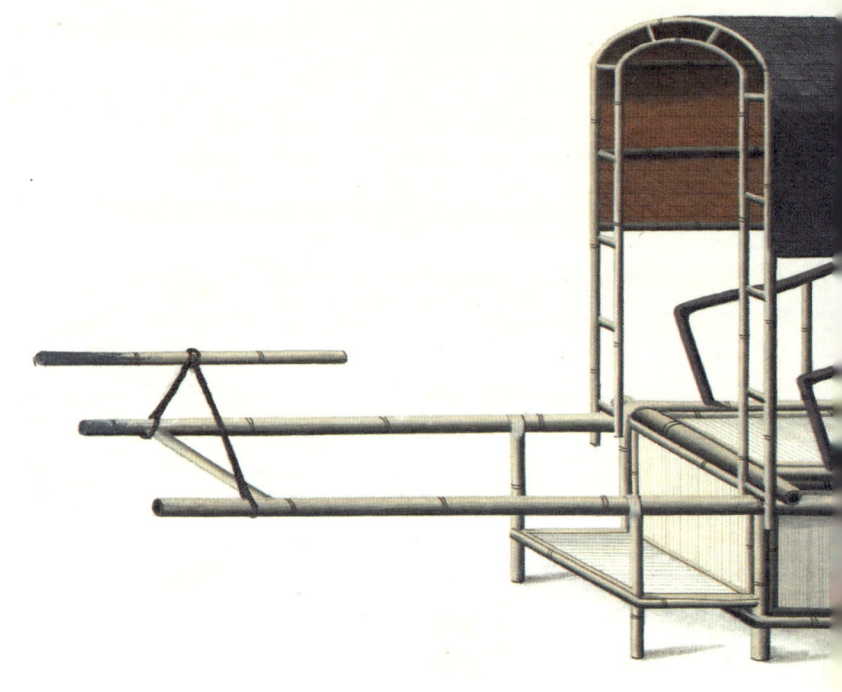

　　作为有特色的出行工具，轿子在中国有着悠久的发展历史。轿子中间最早只是一块木板，到了唐代才逐渐改为座椅，如图中所绘。因为需要人力肩扛，所以也称为肩舆。从直观的形态来看，轿子有敞露和封闭两种，前者也

称凉轿、亮轿、显轿,后者则又称为暗轿、暖轿。图中是竹制的凉轿,这种竹轿在清代颇受富家欢迎,在《红楼梦》中,贾母在府里走动时,有时会选择小竹轿,一众丫鬟簇拥,很有气势。

图十·竹制香几·六方桌

图中是竹制的六方桌和香几。六方桌和六仙桌不同，六仙桌是供六人坐的方桌，有四条桌腿，而六方桌是正六边形，有六条桌腿。

香几是中国古代生活中用以摆放香炉的家具。宋代赵希鹄的《洞天清禄集》中云："明窗净几，焚香其中，佳客玉立相映。"香几属于高足家具，有圆形和方形，随着时间推移，它已经失去了原本的功能，被当作花架或陈设架等来使用，便也称为花几、花架。

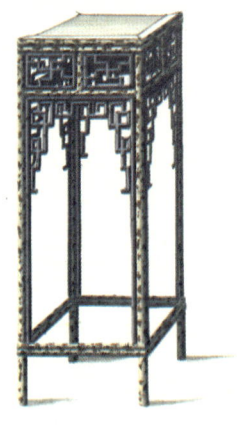

古代家具以木质为主，明清家具中黄花梨、紫檀和酸枝木等硬木家具受到追捧，但也有其他材质的家具活跃在日常生活中，例如竹家具。竹家具经历了由席、筵等铺垫家具到竹笥、竹几、竹榻等矮型家具再到竹椅、竹桌、竹架等高型家具的发展历程。

明清竹家具的造型在前代的基础上得以传承与发展，同时也受到了硬木家具造型艺术的影响。图中是竹制桌凳，竹子的天然纹理使其显得雅致。

图十一·竹桌·竹椅

图十二·竹桌

图中竹桌上摆设有石榴瓶、水仙和台屏,显得清新雅致。石榴瓶是根据石榴造型衍生而来的陶瓷工艺品,有着石榴"多子多福"的寓意。台屏是用作陈列、摆设的观赏性小型屏风,常置几案上,又称插屏、插牌。水仙是文人非常喜欢的清供,明清以来有大量的《水仙清供图》。

图中的是一座翘头案，案面两端有翘头，牙条上绘有精致的金色花纹。因为案面狭窄，所以一般靠墙摆放，用于陈放文玩摆件。根据用途，图中的桌子也可以叫供桌，供桌是人家为供奉祖先的桌子，摆放壶、杯、盘等祭器。寺庙中也用来摆放香炉、供果等供品。

《红楼梦》第五十三回描写贾府祭祀，写道："贾敬捧菜至，传于贾蓉，贾蓉便传于他媳妇，又传于凤姐、尤氏诸人，直传至供桌前，方传与王夫人。王夫人传与贾母，贾母方捧放在桌上。邢夫人在供桌之西，东向立，同贾母供放。"

图十三·翘头案

图十四·博古架

一个富有个性的博古架,用于陈设文玩古物。在图中可以看到瓷制灯盏、青铜小鼎和玉壶春瓶,瓶中插着一杆小小的兵器模型,这种兵器叫作"方天画戟",在清代盛行的戏曲中,吕布、薛仁贵等主角就使用这一兵器。

这种书桌也可以称为架几案，就是在两个造型和纹饰完全相同的几座上架上一块狭长的面板。案上的陈设中一尊青铜三足小圆鼎颇为引人注目。清代是金石学的鼎盛时期，文士商人争相搜购，使三代彝器等青铜器成为市场上的热门藏品。苏州的潘祖荫和山东的陈介祺是最负盛名的青铜器收藏家。

图十五·架几案

图十六·八仙桌·长凳

图中所绘的是八仙桌和长凳。凡四边长度接近的桌子都称方桌,其中常见的是八仙桌,因每边可坐两人,一共八人,故称八仙桌。

明代桌子大体分为有束腰和无束腰两种类型。束腰是在桌面下装饰一道缩进面沿的线条,犹如给家具系上一条腰带,故名。有束腰的桌子四足都削出内翻或外翻马蹄,是有束腰家具的一个特征。图中所绘正是束腰方桌。

清代家具和明代家具在造型艺术和风格上有一些区别，图中的书桌便体现出清式家具的特征：用材厚重，总体尺寸较宽大；装饰华丽，整体稳重、精致、豪华、艳丽，和明式家具的朴素、大方、优美、舒适形成鲜明的对比。

书桌上从左到右陈设有太湖石、彝器和插有孔雀扇的石榴瓶。

图十七·清式书桌

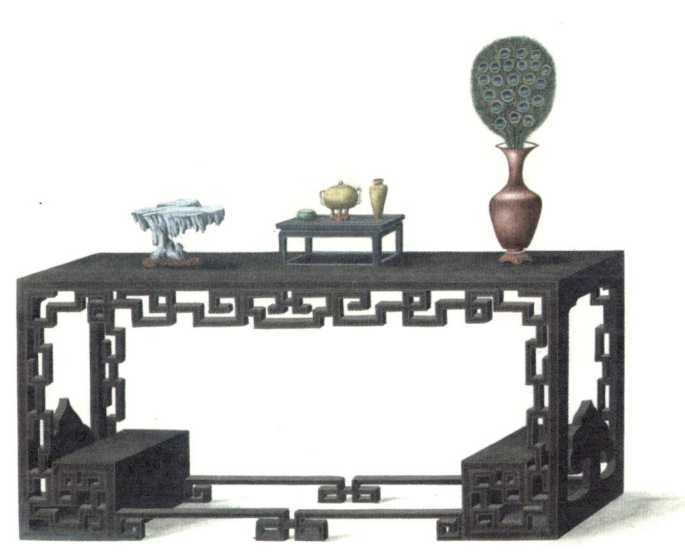

图十八·暖轿

车轿自古以来就有区分等级之用，清代大臣一般备有显轿、暖轿各一，根据等级高低，其质地和纹饰均有不同。三品以上汉人文职京官所乘轿舆用银顶，皂色帏帘，在京乘四人轿，出京乘八人轿。图中所绘的就是类似的高级暖轿。

图中方桌的特点在于面心镶嵌有整块大理石。石材在传统家具中属于附属材料，多用于镶嵌桌面、柜门、椅背和屏风，常见的有大理石、祁阳石、南阳石、土玛瑙石、竹叶玛瑙石、川石、湖山石、红丝石等。

大理石出自云南大理，其纹理往往可以构成天然山水人物鸟兽之形，白质青纹的叫春山，绿纹叫夏山，黄纹叫秋山。图中的大理石台面相对来说较为普通。

图十九·嵌大理石方桌

图中展示了传统的椅帔桌围。

圈椅上的装饰叫"椅帔"。椅帔多为金丝绒、绸缎面料,颜色有红、黄、绿、紫、白色多种,以红色彩绣最为常见,图中圈椅除了椅帔,还设有坐垫。

方桌上的桌布叫作"桌围"。桌围有素面和绣花之分,素面桌围,多以红色为主,也有杏红、玫瑰等色。绣花桌围的图案,大多数为凤凰戏牡丹、喜鹊闹春等吉祥图样。

图二十·带椅帔的圈椅与带桌围的方桌

图中是红木鼓式绣墩和用于写作的髹漆方桌。中国家具很早就开始用漆，在战国、汉代古墓中都出土过带漆的家具，如河南信阳长台关楚墓出土的漆俎、漆几，随州曾侯乙墓出土的漆几，湖南长沙出土的黑漆彩绘长方案等。

以漆涂物的技术叫作"髹漆"，并不止于给家具上漆。明代出现了我国第一本介绍髹漆技术的专著《髹饰录》。明清之际，出现了漆工艺人，髹漆技术提高很快，漆器行业开始大盛。当时的漆器制作水平以宁波、福州为冠。

图二十一·红木鼓式绣墩与髹漆方桌

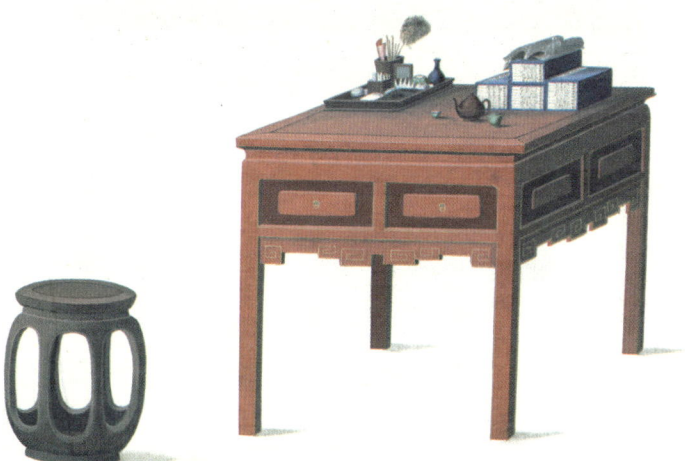

图二十二·一体式梳妆台

　　明清家具很少有一体式的梳妆台，梳妆匣或镜台的奁匣，都放置在其他家具之上。图中的长条桌便承担了梳妆台的职能。一体式的梳妆台，要到民国时期才广泛使用。

　　条桌中间是镜台。镜台又名镜支，是放置在桌上可以移动的小梳妆台，一方形匣状，正中摆设铜镜，下方设有数个抽屉。有的镜台还竖有屏风，非常精美。也有的镜台把镜子镶在盖的里面，打开盖子，即可使用。中国长期使用铜镜，明清之际，来华的传教士将玻璃镜带到了中国。

图中展示了嵌有大理石的六方桌和一个同样工艺的圈足六方凳,旁边还有一个镂空方绣墩。

绣墩是清代非常流行的小型坐具,大致形状像腰鼓,因此也叫"鼓墩"。其材质以木和瓷为主,也有用蒲草编制的蒲墩、竹藤编制的竹墩、藤墩以及雕漆、彩漆描金等质地。绣墩在发展中还衍生出瓜棱式、海棠式、梅花式、四边式、六边式、八边式等富有细节创新的形态。

图二十三·镂空方绣墩·嵌大理石六方桌·圈足六方凳

图二十四·竹制靠背椅

　　图中的竹椅叫作靠背椅，和前面出现的圈椅、交椅不同，它没有扶手。靠背椅有一统碑式和灯挂式两种形式。一统碑式的椅背搭脑与南官帽椅相同，灯挂式椅的靠背搭脑与四出头式官帽椅相同，因其横梁长出两柱，又微向上翘，犹如挑灯的灯杆，因此名其为"灯挂"椅。

　　图中所绘的是一统碑式的靠背椅。一般靠背椅的椅形较小，特点是轻巧灵活，使用方便。

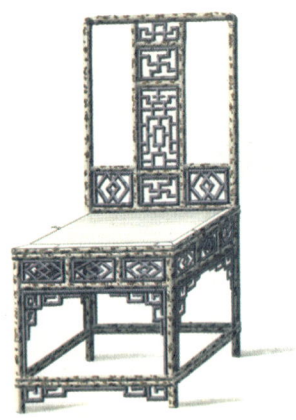

玫瑰椅也叫文椅，特点是椅背很矮，人坐在椅子上的时候，后背会超出椅背，而不是像圈椅、交椅和官帽椅一样，整个人都在椅背的范围内。有的玫瑰椅椅背甚至和扶手的高度相差无几。

玫瑰椅因为椅背很低，往往适合摆设。比如将其摆放在窗台下时，椅背不会高过窗台，将其摆放在桌案边时，椅背不会高过桌面。

图二十五·竹制方桌与玫瑰椅

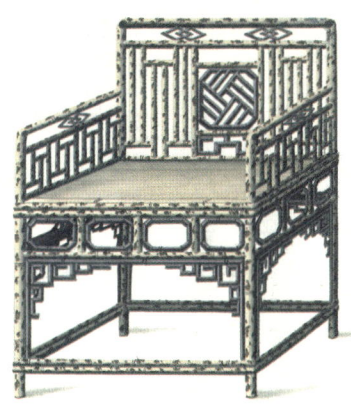

图二十六·条桌

条桌上陈设了各类文玩古物。最左边是两个摞在一起的棋笥，棋笥就是用来装围棋的罐子。其右边是一个形状较为特殊的玉壶春瓶，这种器型由佛教寺院里的净水瓶演变而来，基本形制为撇口、细颈、垂腹、圈足。其右是一个蓝色瓷盏，其器型为敞口小足，斜直壁。中间是一个形状较为特殊的四足方鼎，上半部分类似簋。其右是瓷制钵盂。其右是英石摆件，英石产于广东省英德市，其大者可砌积成园庭山景，小者可制成山水盆景置于案几。最右是一函书籍。

图中是一套琴桌,用以放置和演奏古琴。宋徽宗著名的画作《听琴图》中便有类似的家具。

古代讲究的琴桌会以石为桌面,曹昭在《格古要论》中提到:"琴桌须用维摩样,高二尺八寸。可容三琴,长过琴一尺许。桌面用郭公砖最佳,玛瑙石、南阳石、永石尤佳。"还有以汉代空心砖作为桌面,尤其古雅,而且琴音可在砖内形成共鸣,产生独特的演奏效果。《长物志》中说当时"以河南郑州所造古郭公砖,上有方胜及象眼花者以作琴台,取其中空发响"。

图二十七·琴桌与琴凳

行

水·船只二十四图

晚清广东外销画中大概有数百幅关于船舶的作品。大英图书馆藏有两套,分别绘于1877年和1928年,共约一百幅。曼彻斯特约翰·莱兰兹图书馆藏有七十多幅,其中一部分绘于1800年。维多利亚与艾尔伯特博物馆所藏的18—19世纪的中国外销画中,有一百五十九幅船舶画,其中五十幅绘于18世纪末19世纪初,其他一百零九幅分别于1886年、1887年和1889年收藏。这里选择维多利亚与艾尔伯特博物馆所藏的二十四幅广东船舶画做介绍。

图一·洋船

近代中国从外国进口的商品，往往用"洋"字命名，比如"火柴"叫"洋火"，"自行车"叫"洋马儿"，"洋娃娃"之类的词汇，有些现在还活跃在我们的日常生活中。

洋船就是海上的大商船。清代周凯的《厦门志》卷五中载："洋船即商船之大者。船用三桅，桅用番木。其大者，可载万余石；小者，亦数千石。"其名字中有"洋"字，是因为这些船最早大都系外国制造，有三桅洋船、二桅洋船等区别。洋船的桅杆最有特色，一定是外国制造，清代屈大均的《广东新语》卷十八中记载："洋船桅，其巨者一桅费千余金。每洋中风狂，船将覆没，以刀顺风势斩桅，桅大者合两人抱，皆立断，如鸿毛飘空。船人以桅为命，桅既断，则船随风所至，得至岸者无几矣。"

广州所在的珠三角地区水网如织,往往在田间和浅滩养鸭。明代霍韬说"天下之鸭,广南最盛",清代屈大均的《广东新语》卷二十中记载:"广州濒海之田,多产蟛蜞,岁食谷芽为农害,惟鸭能食之。鸭在田间,春夏食蟛蜞,秋食遗稻,易以肥大,故乡落间多畜鸭。"其规模达到"畜鸭者动以数万计"。

鸭船就是用于饲养和运输之用的特殊船种。屈大均在《翁山佚文》中《场记》一文中写道:"鸭之船出没其间,以数十百计,以余谷为饭,以蟛蜞、蚬子、花鱼、虾为错。鸭肥大而价贱,不可胜食。"清代《番禺县志》中载:"鸭,岁有两次看养,……虽千百成群,以竹竿呼之,各为其群,无一失者。"在这精细的饲养过程中,鸭船起着重要作用。

图二·鸭船

广东的各种渔船，往往以所用的渔具命名，比如用罟捕鱼，称之为"大罟船"，撒网捕鱼，称为"撒网艇"。大罟鱼船就是一种敲罟作业的渔船，这种船准备有大量的竹篾制作的大笼子（也有一些是用渔网），捕鱼时将其放置在水流下方，然后在水流上方用敲船梆或棍棒器具等弄出有节奏的响声，而这种"音乐"将惊起水中的鱼儿，让它们四处乱蹿直至"自投罗网"。还有一种"敲罟围捕"，也起源于广东潮汕地区，一般认为始于明嘉靖年间，绵延数百年，其方法是利用几十条渔船一起敲竹板，引起鱼头骨耳石共振，致使海里的大鱼小鱼一起昏死。这种捕鱼方式已为《渔业法》所禁止。

图三·大罟鱼船

东管船是东莞船的笔误。东莞船在明代就是有名的海船,明代郑若曾在《湖防论》中介绍当时流行的海船,有广东新会船、东莞船、大福船、草撇船、海沧船、开浪船等。据《广东航运史》记载,东莞船出于东莞县(今为东莞市),大小悬殊,载重五吨至三百六十吨,航行于珠江三角洲及西江,从东莞达于梧州。在晚清,东莞船往往被用作战船。

东莞船在操作时有独特的技巧。清代屈大均的《广东新语》中记载:"东莞艍船赶水,常以一人执杵在船头,以杵左右舂船,为摇橹疾徐之节。左舂则足左跃,右舂则足右跃,诸橹人以之作势,以之齐声,又口唱山歌,使诸橹人属和以苏其苦,于是筋力尽忘,舟行迅速,须臾至彼步头矣。"

图四·东管(莞)船

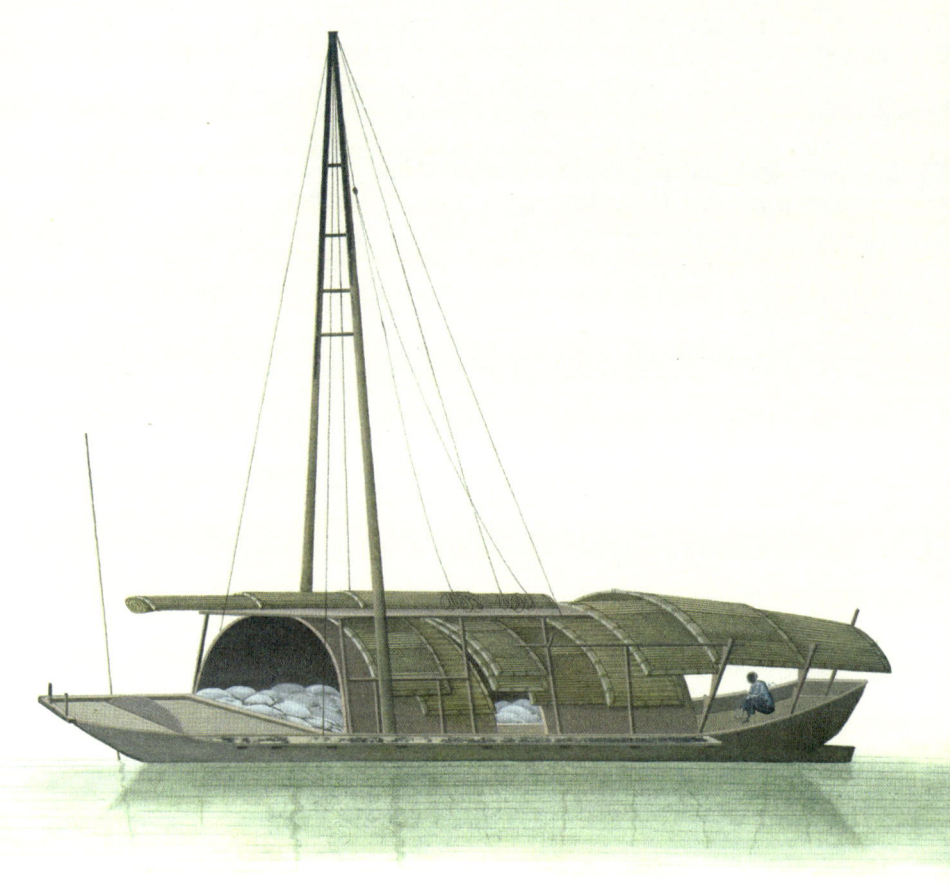

来往外地和广州贩卖米的船只。《乾隆实录》第三百一十四卷中记录的乾隆皇帝的一道上谕就提到:"盖浙西一带地方,所产之米不足供本地食米之半,全藉江西、湖广、客贩米船,由苏州一路接济。"

图五·贩米船

明代宋应星的《天工开物》中曾介绍广东福建等地制白糖的方法："凡闽、广南方经冬老蔗，用车同前法。榨汁入缸，看水花为火色。其花煎至细嫩，如煮羹沸，以手捻试，粘手则信来矣。此时尚黄黑色，将桶盛贮，凝成黑沙。然后以瓦溜（教陶家烧造）置缸上。其溜上宽下尖，底有一小孔，将草塞住，倾桶中黑沙于内。待黑沙结定，然后去孔中塞草，用黄泥水淋下。其中黑滓入缸内，溜内尽成白霜。最上一层厚五寸许，洁白异常，名曰洋糖（西洋糖绝白美，故名），下者稍黄褐。"这里提到的需要从陶器行定制的瓦溜，就是后来的糖漏。

所谓的糖漏是一种制糖的工具。糖漏由两部分组成，形状略似葫芦，上部为漏钵，漏钵底小口大，底上有孔，口缘下有箎箍。下部为漏罐，承接钵体流下的糖汁。两部分的质料都是粗陶，但漏钵不兴上釉，漏罐则里外上釉。糖漏可以将蔗糖制成白砂糖。糖漏船则是运送这种工具的船只。

图六·糖漏船

西南并非是大陆的西南地区，而是指三水县（今为佛山市三水区）西南镇，此地是西江、北江、绥江三江货物集散地，也是水路交通的重要枢纽，是清代广东的商业重镇。西南镇的商店，不少是外地商人经营，如蚕茧业多是顺德县（今为佛山市顺德区）人，土白布业和烟丝业是南海县（今为海南市）和新会县人，理发业多是云浮县（今为云浮市）人，建筑业及搭棚业不少是广宁县和四会县（今为四会市）人，故当时西南镇有广宁、五桂、岗州等会馆。全镇店铺达一千多户，催生了客运的需求。

据当地文化学者陈炳超先生研究，西南镇水路交通方便，明代就有三条定期班船航线，日夜往返广州、英德、肇庆。清康熙年间增至十五条班船，到嘉庆时又增至二十五条班船，直通广宁、东莞、陈村、新会州（今为江门市新会区）、佛山等地。班船载人运货，商旅交通十分便利。

图七·西南客船

这是载人兼载物的运船，清代屈大均的《广东新语》卷十八中载："其载人与货物者曰渡，制亦如斗舰，上施兵器及炮火、飞石、灰罂，旁布渔罟。"称为夜渡，则是因为旅途悠长，需要过夜行业。

夜航是南方水乡苦途长旅的象征，明代文学家张岱有一部有名的百科图书叫作《夜航船》，其取名的寓意，就是夜航船的乘客中各色人等应有尽有，闲谈消遣的内容也因之包罗万象，所以他感慨："天下学问，惟夜航船中最难对付。"张岱曾提到一个夜航船中交谈的故事：昔有一僧人，与一士子同宿夜航船。士子高谈阔论，僧畏慑，拳足而寝。僧人听其语有破绽，乃曰："请问相公，澹台灭明是一个人、两个人？"士子曰："是两个人。"僧曰："这等尧舜是一个人、两个人？"士子曰："自然是一个人！"僧乃笑曰："这等说起来，且待小僧伸伸脚。"这位僧人本来敬畏士子的学问，在船中屈身拳足，将更多地方让出给士子，结果在士子的高谈阔论中，听出他不过是个绣花枕头，自然要"伸伸脚"了。

图八·夜渡

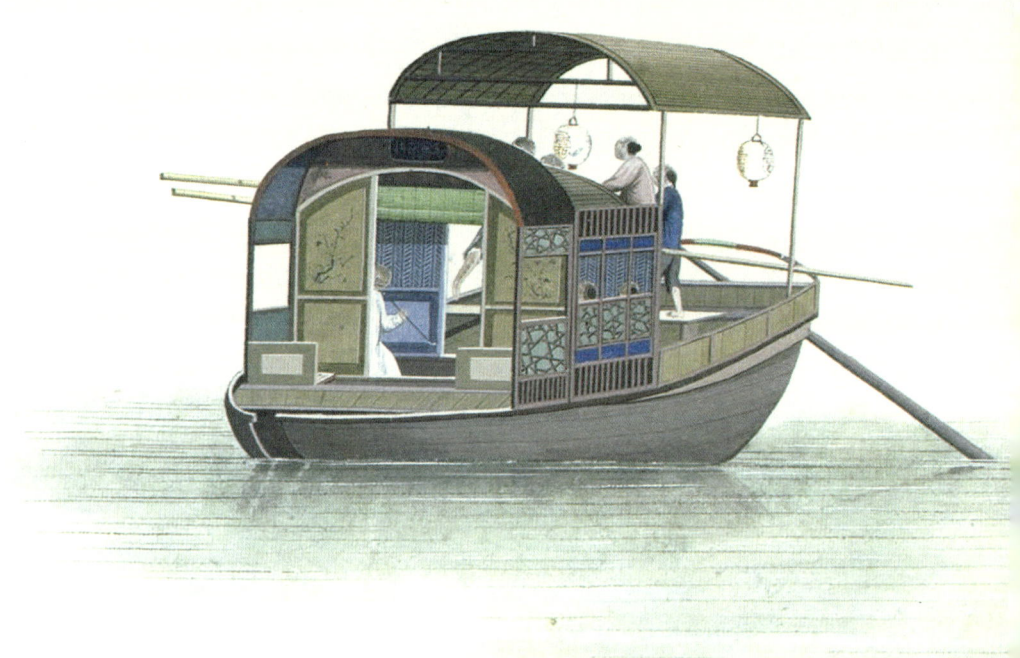

行尾艇就是十三行的尾艇。1757年，乾隆皇帝颁布仅留粤海关一口对外通商的上谕，清朝进入"一口通商"时期，清朝的对外贸易便锁定在广州十三行。十三行口岸洋船聚集，几乎所有亚洲、欧洲、美洲的主要国家和地区都与十三行发生过直接的贸易关系。

洋行数量并不是固定的十三家，从康熙五十九年（1720年）至道光十九年（1839年）间纳入统计的三十八个年份看，共有行商约四百多家，行商最多年份为乾隆二十二年（1757年）的二十六家，最少年份为乾隆四十六年（1781年）的四家，实数为十三家的就只有嘉庆十八年（1813年）和道光十七年（1837年）两个年份。

图九·行尾艇

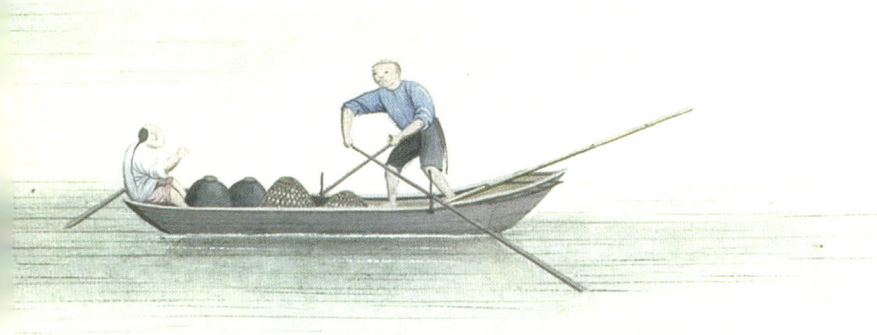

木料船顾名思义，就是运送木料的船只。图中可以看到船舱中堆放着圆木。

图十·木料船

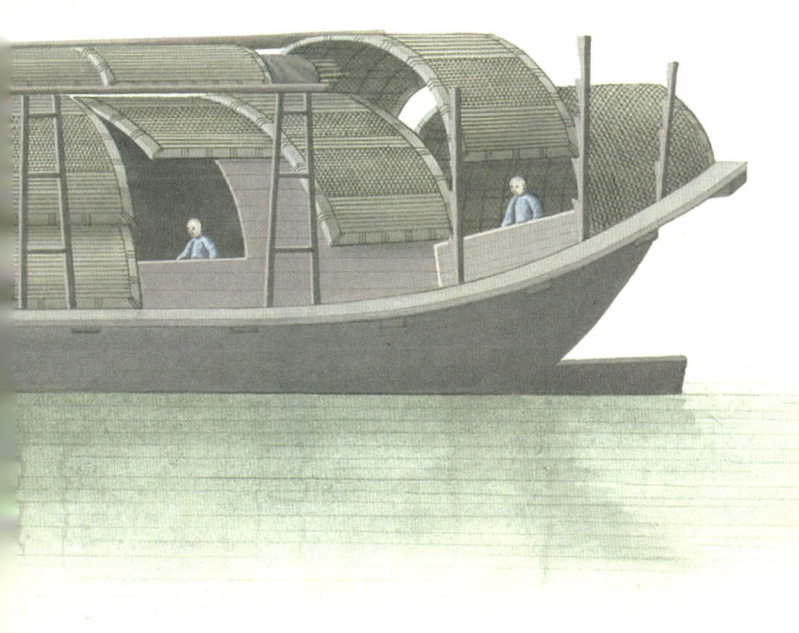

盐是市场上重要的大宗贸易商品。明代宋应星的《天工开物》中记载："广东黑楼船、盐船：北自南雄，南达会省，下此惠、潮通漳、泉，则由海汊乘海舟矣。黑楼船为官贵所乘，盐船以载货物。舟制两旁可行走。风帆编蒲为之，不挂独竿桅，双柱悬帆，不若中原随转。逆流凭借纤力，则与各省直同功云。"

图十一·盐船

自明代以来，广东的粮食就依靠外部输入，广西、湖南等邻省和泰国、越南等邻近国家的米粮大量输入广东。西江是广西、湖南米谷水路运到广东的重要线路，正如同南方粮食需要通过大运河运送到北方一般。西江谷船就是在西江运送谷米的船只。

图十二·西江谷船

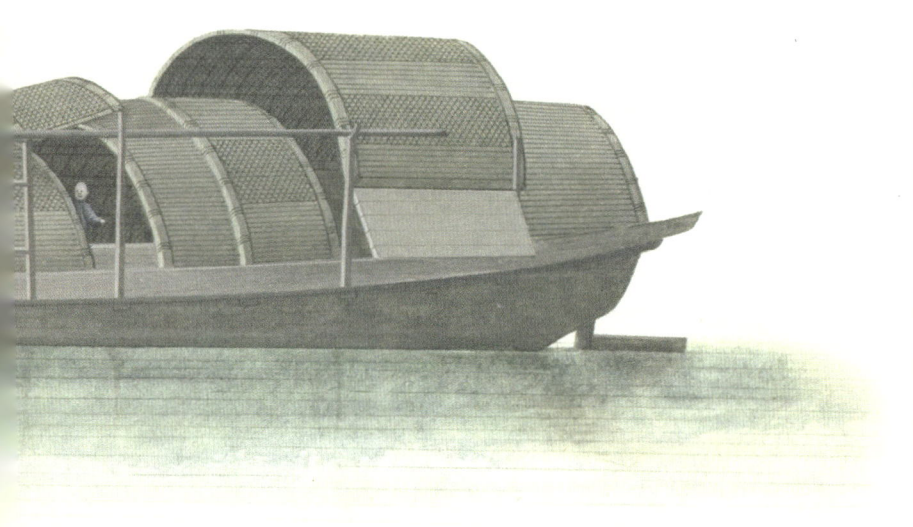

广东将内河木船称之为"渡",航程百里以内都叫长行渡,也叫长河渡,与之相对的是往来于两岸的横水渡。

图中的棉花渡,就是运送棉花的长行渡。珠三角的长行渡,在古代长期是张帆借风力而行,也用橹桨辅助,因此在逆风逆水时航行非常困难。从道光三十年(1850年)开始,逐渐对这种渡船的行船方式进行改进,航行时在桅端系上缆绳,再在缆绳上绑上若干短绳,短绳套在河边的纤夫身上,由纤夫牵挽而行。

图十三·棉花渡

桂林船以其来源地命名,是经西江从广西进入广州的货船。

图十四 · 桂林船

蚝就是牡蛎，蚝壳是珠三角地区用以砌墙的物料。清代李调元的《南越笔记》卷十一中记载："粤人以（牡蛎）为常馔，其壳用以垒墙，亦可烧灰涂壁。"《岭南杂记》则称赞："蚝壳砌墙，鳞鳞可观。"蚝壳船就是运送蚝壳的船只，在图中可以清晰地看到船舱中成堆的牡蛎壳。

图十五·蚝壳船

图十六·横水渡

横水渡是广东地区非常常见的水上交通工具,也叫过海艇,是来往于河流两岸的客运交通工具。和横水渡对应的是沿着河流上下航运的长水渡。

横水渡通常设于较为狭窄及平静的河流或水道之上,设有一平底的板状船只,用以乘载搭客、货物。清代顺德诗人黎简写寄朋友的诗句中,就有"双桨绿波横水渡,一抹朱霞暮山景"的描写。

横水渡在元代就已经非常流行，在元代《南海志》中，当时的南海县的横水渡口，就有宁口渡、西岸渡、官窑渡、和顺渡、灵州渡等四十六个，当时的番禺县则有窑头渡、玉胖湖渡、新村横渡等二十三个。

图中乘坐横水渡的乘客，有带着孩子的妇人、年轻的夫妇等，极具生活气息。

图十七 · 戏船

　　戏船也叫"红船",是广东戏班子带着戏箱行头由水路到珠三角各地进行演出活动所乘的船。清代乾隆年间,新会县(今新会区)城"城外河下,日有戏船",佛山镇(今佛山市)也出现了"一带红船泊晚沙"的盛况。到了同治、光绪年间,著名的本地戏班,更是"伶人终岁居巨舸中,以赴各乡之召"。若是戏船因为水道关系,不能泊近演出的戏棚,戏班便暂借附近的祠宇居住,俗称"上馆",但艺人大部分时间仍以戏船作为食宿根据地。

　　据《中国戏曲志》记述,戏船船身的宽度和高度,

都按照珠江三角洲水网地带的具体情况而制造，无论江、河、桥、闸都能航行通过。戏船外部通体涂作红色，所以叫作红船。戏船以"天艇"和"地艇"两只船为一组，两船大小一样。红船的"大舱""柜台""棚面"由戏班的三部分人员使用。"大舱"是各个行当的演员，"柜台"是戏班职员，"棚面"是乐师。床位的分配，不管演员乐师，不论名声大小，一律抽签决定。有的红船以龙头凤尾装饰，颇为壮观。

图十八·撒网艇

担任过英国第四任驻香港总督的英国经济学家、旅行家宝宁（John Bowring）曾长期在广州生活，他撰写于1855年的一篇文章因被收入托马斯·阿罗姆（Thomas Allom）和乔治·N.怀特（George Newenham Wright）的1858年出版的《中华帝国图景》英文版的引言而广为人知，其中提到："中国人捕鱼的方式五花八门，捕鱼用的渔网各式各样，大的围网面积达数平方公里，小孩子用的

格网又十分小巧。不管是白天还是晚上,他们无时无刻不在捕鱼。晚上,他们借着月光,或者点起火把捕鱼,甚至在伸手不见五指的黑暗中,他们也可以捕鱼。他们捕鱼用的圈套和设备种类之多,远远超出你的想象。"撒网艇就是一种用网捕鱼的船只。

图十九·龙船

赛龙舟是中国传统的民俗活动，最早起源于祭祀，后人往往将其与屈原联系在一起，并成为端午节的重要活动。

清代广东地区赛龙舟声势浩大，屈大均的《广东新语》卷十八中记载："顺德龙江，岁五六月斗龙船。斗之日，以江身之不大不小，其水直而不湾环者，为龙船场。约自某所起，至某所止，乃立竿中流以为界。船从竿左右斗，不得逾界。"比赛的时候提前匹配大小长短一致的对手，主持人将一分为二的竹筹交给两个龙船，赛舟之后，得胜者将竹筹交给主持人，主持人验证过后，就记录"某船胜某船矣"，并把一个大大的"胜"字旗

帜交给胜方。这天能够连胜三场者进入第二天的比赛，在第二天又能再胜两场，获得五个胜字的，就能进入第三天的比赛，如此一直到决出全胜者。

而东莞地区气势更盛，赛龙舟前后延续一个月的时间。"五月时，洪流滂濞，放于百里，乡人为龙舟之会，观者画船云合，首尾相衔，士女如山，乘潮下上，日已暮而未散。龙舟长十余丈，高七八尺，龙髯去水二尺，额与项坐六七人，中有锦亭坐倍之。旗者、盖者、钲鼓者、挥桡击枻者，不下七八十人。竞渡则惊涛涌起，雷雨交驰，舟去而水痕久不能合，斯亦游观之至侈者。广中龙船，惟东莞最盛，自五月朔至晦，乡乡有之。"

图二十·御龙舟

御龙舟，顾名思义就是皇帝亲自乘坐的龙舟，图中龙舟中央，确实端坐着身着龙袍的皇帝，不过图像可能是出自绘画者的想象。

隋炀帝曾乘龙舟沿着其开凿的大运河南下扬州，宋代曾慥的《类说》卷四引《大业杂记》记载了当时龙舟的规模："炀帝幸江都，自洛口御龙舟，高四十五尺，阔

五十尺,长二百尺。分四重,上一重有殿堂,次一重有一百六十房,下二重安内侍及船脚。船脚即水工之名。"这个龙船有六十多米长,十多米高,上下分为四层。

清代乾隆皇帝多次下江南,乘坐的御船名为"安福舻",其图样在故宫博物院收藏的《乾隆南巡全图》中,规模比该外销画中所绘要宏大很多。

图二十一·四往

大英图书馆也收藏有一幅题为"四往"的船舶画,幸运的是其原目录上有英文说明:"四往船,一种客船。"从绘画来看,这是一艘较为高级的远途客船,船尾横版上有"顺风相送"四个红底黑字。

顺风相送是当时航海的吉祥话,类似今天我们说"一路顺风"。牛津大学博德利图书馆收藏有一部珍贵的航

海科普类的手抄孤本,因封面有"顺风相送"几个字,一般就称之为《顺风相送》,这部书主要记录了关于气象方面的观察方法、州府山形水势、前往各地的航程等。其中"福建往琉球"一则记载了福建到琉球的海路。

图二十二·水寨

　　宝宁在记录他在中国的见闻的文章中写道:"在中国,有很多家庭生活在水上。他们在船上出生,在船上读书,在船上结婚生子,在船上挣钱养家,最后死在船上,几乎一生都在船上度过。"他又写道:"仅仅是广州一地,就有将近三十万人居住在河中的船上。有些大船吃水深达二三十米,船只长达上百米,走街串巷的流动商贩为

生活在船上的人们提供日常生活必需的物品。"

晚清的广州有一批水上流动人口,为他们提供服务的就是图中所绘的水寮,这种船仿佛是一个"水上超市",贩卖各种生活用品,图中所绘甚至有祭祀用的纸火蜡烛。

图二十三 · 老矩艇

粤语称"妓女"为"老矩",这种老矩艇也叫"花艇",是河上生意兴旺的娱乐场所。《清稗类钞》中记载:"光绪时,岭南以花艇著称于世。花艇者,妓所居之船也。后以火劫禁止,遂皆上陆,莺莺燕燕,不复泛宅浮家矣。船有楼,其下有厅事,可设席,谓之开厅。开厅必以夕,海风泠然,列炬如昼,珍错纷沓,丝竹嗷嘈。上者在谷阜,次者在迎珠街。然虽号称为舟,而铁缆系之,屹然不动,几忘其在水中央也。"晚清民国时期的作家许啸天的小说中写道:"广州地方珠江边的花艇正十分热闹,真是脂粉如云,管弦震耳。"

沈复的《浮生六记》卷四中曾详细记录了其中细节："妓船名'花艇',皆对头分排,中留水巷以通小艇往来。每帮约一二十号,横木绑定,以防海风。两船之间钉以木桩,套以藤圈,以便随潮长落。鸨儿呼为梳头婆,头用银丝为架,高约四寸许,空其中而蟠发于外,以长耳挖插一朵花于鬓,身披元青短袄,著元青长裤,管拖脚背,腰束汗巾,或红或绿,赤足撒鞋,式如梨园旦脚。登其艇,即躬身笑迎,搴帏入舱。旁列椅机,中设大炕,一门通艄后。妇呼有客,即闻履声杂沓而出,有挽髻者,有盘辫者,傅粉如粉墙,搽脂如榴火,或红袄绿裤,或绿袄红裤,有着短袜而撮绣花蝴蝶履者,有赤足而套银脚镯者,或蹲于炕,或倚于门,双瞳闪闪,一言不发。"图中所绘,正与沈复所描写者吻合。

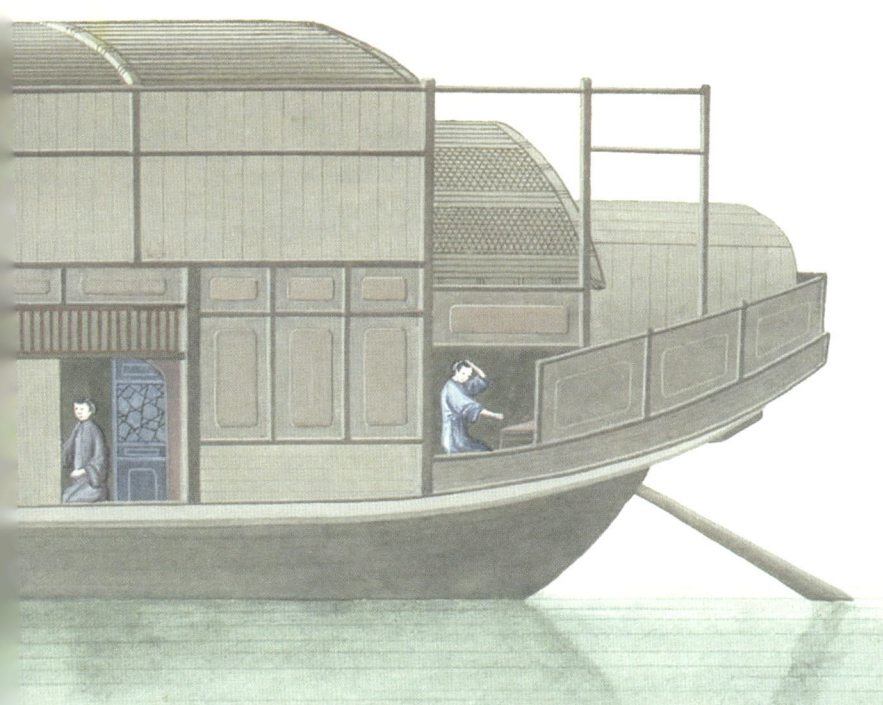

粤语将招揽嫖客称之为"扯皮条"。前面提到的老矩艇往往规模较大，长期停泊不动，而这种皮条开埋艇，则用于来往于岸边和老矩艇之间拉客。

图二十四·皮条开埋艇

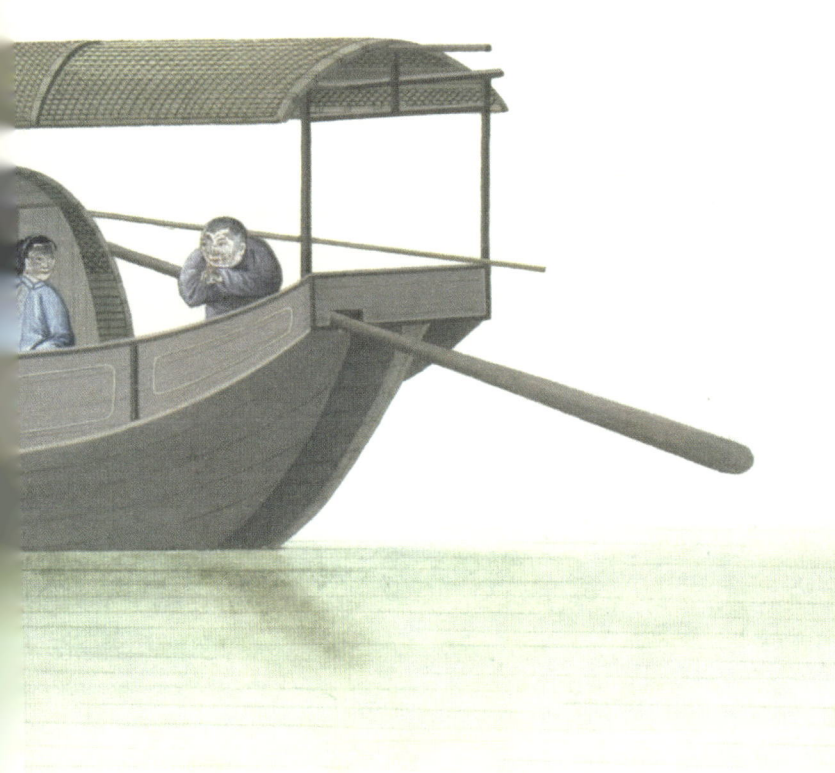

行陆·车马三十图

约18—19世纪,法国人绘有 Les Rues de Pékin(直译为《北京的街巷》,我国学者一般称之为《清国京城市景风俗图》)。本作品为水粉彩图册二册,每图一页,图侧有一行字的中文说明,每图之前还有一页简要的法文介绍。上册主要内容是从王公贵族到普通百姓的画像、生活场景、出行工具及少数民族和各种行业的情态,共一百九十三幅图。下册亦为一百九十三幅图,主要是各行各业市井百态,包括街巷小贩、百戏杂耍等。此外还附有若干外销画。此书现藏于法国国家图书馆。本节所选三十幅关于晚清陆地交通的图片即来自此书。

帏车就是装饰有帷幔的车子，较为封闭，也称为褕䌌。宋代以后女性往往裹脚，行走不便，出门大都乘坐帏车，因其封闭，不易为人窥视之故。元代伊世珍的《琅嬛记》中说："吾闻圣人立女而使之不轻举也，是以裹其足。故所居不过闺阁之内，欲出则有帏车之载，是以无事于足也。"

中国古代有一个和帏车有关的著名典故叫"帏车袖剑"。东汉末年赵安被同县的李寿所杀，同一时间，赵安的三个儿子病死，李寿家欣喜赵家无人报仇。结果赵安的女儿赵娥自伤父仇不报，便乘坐帏车，袖藏短剑，大白天将李寿刺杀于都亭前，然后颜色不改地到县衙投案，说"父仇已报，请依法杀我"，县令为她感动，想私下放她逃离，她坚决不愿离开，县令就把她强行送回家，后来遇到大赦，赵娥得以赦免。

清代的帏车，有青帏车和绿帏车等不同规格，而以绿色为尊。图中所绘的所谓皮帏车，就是冬天用动物皮作为帷幔的车子，取其保暖之意。

图一·官员冬天皮帏车

清代官员上朝一般文官乘轿，武官骑马。在东华门外有著名的下马碑，文官到此下轿，武官到此下马，继而步行上朝，只有极个别大臣可以蒙赏在紫禁城骑马或乘肩舆，前者俗称为"穿朝马"，后者称为"穿朝桥"。

清代雍正、乾隆时期曾多次下令，限制武官乘轿。雍正四年九月，禁止低级武官乘轿。乾隆十二年，禁止年轻宗室成员和满族武职大臣乘轿上朝，"年少宗室公等，平日亦皆乘轿。伊等不过间日上朝，自应练习骑马。似此希图安逸，亦属非是。此关系我满洲旧习，着力行禁止"。而武职大员也"自应遵照旧制骑马，以为所管辖人等表率，若自求安逸，则官兵技艺，安望精熟"。图中表现的是一位四品或五品武职官员骑马上朝的情形。

图二·大人上朝

收生婆也叫接生婆、稳婆，是民间以替人接生为业的人，民间"三姑六婆"（尼姑、道姑、卦姑、牙婆、媒婆、师婆、虔婆、药婆、稳婆）之一。这一职业在汉代已经出现，唐宋时期已经盛行，后来还出现了官方的接生婆。明代沈榜的《宛署杂记》卷二十中记载，古代民间妇女不能进入宫内，皇帝妃嫔的母亲没有特别的旨意也是如此，但有三婆例外，就是喂奶的奶婆、治病的医婆和接生的稳婆。

古代民间往往将接生婆请到家中接生。一般在临盆前几天乃至一个月，就将其请至家中了解孕妇情况，传授保胎经验。在分娩时会请接生婆伺候，传授生育经验。婴儿出生后，接生婆会快速斩断脐带，为母子净身，向家人报平安。这种职业一直持续到20世纪80年代。

明清小说中经常记载妇女难产时备车轿接接生婆来帮助生产的情形。图中的车轿系平民使用，与前面几乘皇家车轿的不同，主要体现在车轮和车篷的颜色上。

图三·收生婆

这是一辆走街串巷的货郎车，这种车子历史悠久。以货郎为画题在宋以后的风俗画中十分流行，北宋苏汉臣的《货郎图》中，年老的货郎便推着一辆类似的推车，货郎车上挂满了木叉、帽子、围巾、布兜、小风车、拨浪鼓、花篮、糖葫芦、花灯笼、各种佩饰等，品种繁多，琳琅满目，甚至连货郎肩上、腰间、背后都有货物。明代吕文英的《货郎图》表现的也是货郎以放置在货郎车上的各种小商品逗诱孩童的快乐情景。

本图所绘的货郎则是销售梳笼篦子，货品相对比较单一，主要是梳子和篦子。这两种物品在今天依然非常常见。图中独轮车的独特之处在于有一个车盖，这种样式的独轮车在汉代就已经出现，叫作"辂车"，这是一种很轻便的独轮车，四面敞露，只有车盖，当时官员主要乘坐这种车出行。当然和这个货郎车不同的是，汉代的辂车是马拉的。

图四·卖梳笼篦子

这是一个移动零食摊，独轮车销售的是五香豆，也叫茴香豆，大概就是后来鲁迅先生笔下孔乙己喜欢吃的那种零食。五香豆在清代就已经风靡大江南北，浙江、上海、北京的庙会上和酒店中都有售卖五香豆的。

古代货郎车销售的内容五花八门，比如有前述专卖梳笼篦子的，有专卖儿童玩具的，有专卖白菜、五香豆的，甚至还有销售鸟雀宠物的，台北"故宫博物院"所藏的《春景货郎图轴》，描绘的就是货担的架上满置鸟笼，笼中鸟色品种殊异。这些货郎小贩带着形形色色的货品走街串巷，为人们生活带去了不一样的色彩。

图五·卖五香豆儿

报马是指承担通信任务的马，承担送信、斥候、侦察等多种任务，有时也作为一些仪式的环节出现。图中所绘的是从外省回京的信差。

在元曲和明清小说中描写战争场景时，经常会提到报马，其作用类似通讯兵，《水浒传》中更是称之为"流星报马"，顾名思义可见其快。《封神演义》《三国演义》《牡丹亭》中都有描述。《红楼梦》第十六回贾琏回家，妻子凤姐跟他说："国舅老爷大喜！国舅老爷一路风尘辛苦。小的听见昨日的头起报马来说，今日大驾归府，略预备了二杯水酒掸尘，不知赐光谬领否？"她所说的报马，正是本图所绘的信差。

图六·报马

清代有两种赶脚人。西北一带的赶脚人是西北高原上受雇于店东、商号及赶骡马长途贩运货物的苦力的称呼，也叫作"脚户"，主要是运送货物，而且大都是翻山越岭式的长途运输。华北地区的赶脚人则指的是载运旅客的一种职业，主要经营乡村之间、城乡之间的短途客运。图中的赶脚显然是后者，图中骑驴者是客人，后面赶驴者就是"赶脚人"。

赶脚人也叫"脚夫"，《金瓶梅》第八十一回说"二人下了头口（牲畜），打发赶脚人回去"。有时候也直接称为"赶脚的"，明代冯梦龙的《挂枝儿》中有首词："送情人，直送到丹阳路。你也哭，我也哭，赶脚的也来哭。赶脚的。你哭是因何故？道是去的不肯去，哭的只管哭。你两下里调情也，我的驴儿受了苦。"两个情人依依送别，你侬我侬，泣不成声，结果他们雇的赶脚人也跟着号啕大哭。两个小情人问赶脚的哭啥，赶脚的说，你们两个光顾着调情，迟迟不肯出发，我的驴跟着也受了苦。冯梦龙评价说，世人总是你爱我我爱你，实在比不上赶脚的爱他的驴。

图七·赶脚

这里表现的是乡下人去京城的情景，图中两人可能是一对夫妻，也可能是一位妇人和一位赶脚人。

图中的女性手持烟袋。烟草自明代中期传入我国，据《玉堂荟记》中记载，明末崇祯皇帝曾在 1639 年下令禁止吸烟，这或许是中国历史上第一次由政府下发的禁烟令，但显然效果并不理想，清代抽烟者很多，康熙皇帝就一度有重度烟瘾，他抽烟到了很擅长的地步，年轻时就很会"吞云吐雾"。不过康熙很有戒烟的毅力，不仅自己成功戒烟，还设法劝臣子戒烟。陈其元的《庸闲斋笔记》卷三中记载了一个故事，康熙南巡在德州发现大臣陈元龙和史贻直烟瘾很重，就在一次宴会时赐给他们俩一人一个水晶烟杆，两个人连忙开始吸，结果火星直接烧到了嘴边（估计是水晶裂开了），吓得他们再也不敢吸烟。这个故事里的陈元龙是作者陈其元的父亲，应该很有可信度。但民间吸烟的风气还是非常盛行，不少地方出现改庄稼为烟草的情况。图中这位妇女就是当时风气的一个生动注脚。

图八·乡里人上京

屯车是乡村的畜力车，俗语也叫"大车"。这种车在《红楼梦》里有提到，第一百一十九回里说："贾琏送出门去，见有几辆屯车，家人们不许停歇，正在吵闹。"

车在中国出现得非常早，在商周墓葬中发现过不少车子的遗残。从复原图来看，商代和西周的车子都是双轮，有方形的车厢，独辕。汉代以后独辕的车越来越少见，双辕车开始普及，车的样式基本固定下来。图中这个屯车就是常见的双辕车。

图九·乡屯车

图中展示的一种很独特的短途出行方式，也叫趟子车。这种车的奇妙之处在于有相对固定的车站，拉车的骡马经过长期的训练，可以不用人来驾驭，等车上坐满客人，在主人的吆喝下自动起步，直奔目的地，到了目的地则会主动停车。趟子车的路线大都为短途，路程往往在一两日以内。城市的趟子车更是极为短途。一辆车一般可以乘坐四五人，多的则有十几人的大车，并允许捎带少量行李，是当时走亲访友、投医问药和进行简单商业活动的首选出行方式。这种交通方式一直延续到中华人民共和国成立以后，陆续被班车取代。

图中的车型也叫架子车、板车、木板车，是一种以其平板部分载货或载人的车辆，其重要的特点就是没有车篷。这种车有马拉、牛拉的，也有用人力的。传说老子西出函谷关，就是乘坐一辆青牛拉的板车。

图十·荡子车

古代婴儿遗弃现象比较普遍，宋代开始出现官办公益组织慈幼局，清代则多称之为育婴堂或养生堂，政府、民间均有开办，多为民办官助，通过政府补助及地方士绅捐款募集资金，建立房舍，专门收养遗弃婴儿。育婴堂聘请奶妈进行喂养，并对幼儿进行启蒙教育，根据其综合情况安排领养。当时有影响的育婴堂很多，如余治倡导的保婴会等。晚清西方教会也在我国设置了育婴堂、孤儿院等机构。《红楼梦》中贾珍之子贾蓉的妻子秦可卿就是个弃婴，从小被养生堂收养。营缮郎秦业因未有子女，就从养生堂抱养了她。

因为育婴堂收养的孩子大都身患疾病或残疾，常有医治无效而死亡的，则会统一安葬到义冢中。图中表现的就是牛车运送育婴堂身故的婴儿尸体前往埋葬的情形。

图十一·育婴堂牛车

图十二·拉骆驼驮子

骆驼驮子是指用来驮运货物的骆驼，驮子是指鞍上的荆条筐或布袋。根据原图的法文说明，图中的骆驼很可能是为皇家服务的。在清代和民国，骆驼在北京街头颇为常见，使用骆驼搬运货物的行当，当时称为驼行。日本著名学者青木正儿在《北京风俗图谱》中写道："一路上看到许多街道，马路很宽阔，但是有点混乱。骆驼接二连三地走过来，假如刮起一阵风的话，那么大马路上卷起来的黄尘，总有十丈多高。"

骆驼一般驮着麻袋或柳条筐，里面则是石灰、煤炭、木头以及其他大宗货物，民国初年，骆驼甚至被用来运送石油。对于当时来北京旅行的外国人来说，响彻的驼铃声无疑是令他们感到惊讶的独特的风景，日本的中野江汉在《北京繁昌记》中说："北京最堪注目之怪物，即为骆驼。骆驼一物，既不载乎《诗经》，亦不见于干支。其发现于中国本部，确在汉朝。……吾人观骆驼颈悬铃'叮叮当当'游行于北京城内，实不能无北京尚在原始时代之感。"

老舍先生的名著《骆驼祥子》里，祥子之所以被称为骆驼祥子，就是因为他曾拥有三头军队丢弃的骆驼的缘故，而这三头骆驼，最初则很可能属于北京城中使用骆驼运输的驼队。

图中表现的是一位小贩卖白菜的情形，值得注意的是他手推的独轮车。独轮车也叫只轮车、一轮车、辘车、鹿车，大概在汉代已经出现，在汉代壁画中就有其影子，有一部分学者认为诸葛亮的木牛流马，其实就是一种独轮车。宋代独轮车的名字正式普及，沈括在《梦溪笔谈》中记载："柳开少好任气，大言凌物。应举时，以文章投主司于帘前，凡千轴，载以独轮车。引试日，衣襕自拥车以入，欲以此骇众取名。"在宋代张择端的《清明上河图》、明代杜堇的《饮中八仙歌图卷》中，都能看到独轮车的身影。

旧时北京每逢过冬，家家户户往往储藏白菜，不少农人推着独轮车叫卖白菜，这种习俗一直持续到中华人民共和国成立以后。启功先生曾在文章中写道，有年冬天，有位农人也推着独轮车在齐白石家门口叫卖白菜，齐白石表示自己愿意画一幅"白菜"来换这一车白菜，这个农人大为恼火，说："这个老头好没道理，居然想用假白菜换我真白菜。"

图十三·卖白菜

砖瓦灰即砖、瓦、石灰，这三者都是非常重要的建筑材料。清代多数地区惯于修建砖瓦房，民屋也往往"多瓦屋砖墙"，富裕人家更是"多架高堂，颇事壮丽"，对这三种建筑材料的需求非常大。明代后期，南方砖瓦石灰行业已经开始兴盛，到了清代后期，北方的砖瓦石灰业也成长为重要行业。

图中表现的是用独轮车搬运砖、瓦、石灰的情形，大概是因为材料较重，除了后面有人推车，前面还有一人牵引，与前一幅图中卖白菜者的轻松情境截然不同。实际上古代还有更大的独轮车，孟元老的《东京梦华录》中记载"又有独轮车，前后二人把驾，两旁两人扶拐，前有驴拽，谓之'串车'，以不用耳子转轮也。般载竹木瓦石"。这种独轮车有四人一驴，主要搬运竹木等大宗货物。《清明上河图》中就绘有这种大型独轮车。

图十四·送砖瓦灰

图十五·亲王坐的轿子

轿子是极具中国特色的交通工具，最早称之为舆。"舆"字是形声字，从车，舁声，《说文解字》说"舆，车舆也"，其本意是车厢。舆可能源之于辇，这是先秦就已出现（传说起源于夏朝）的代步车，有轮子，最早可能是用人拉，商代青铜器辇卣上的铭文"辇"字，形状酷似两个人在拉车。秦代以后，辇成为皇家出行的代步工具，据说当时修成了专用的辇道，并逐渐形成关于乘辇的礼仪制度。唐宋以后，皇家祭祀用辇有非常细致的规定。

舆轿大约在春秋时出现，20世纪70年代末80年代初，在河南固始县侯古堆春秋墓的陪葬坑中，出土过三顶木质的舆轿。秦汉时期，人们根据其形态，分为步舆和肩舆。步舆大都是一块

长方形的木板，四角有把手，由四个人或更多人提着把手前进，乘坐者就是盘坐在这块木板上。还有一种竹轿类似竹篮，叫竹舆、筱舆，人坐在篮子里，两个人或四个人用杠子扛着走。魏晋以后，大部分由手提改为肩扛，就叫肩舆、肩舁。晋朝顾恺之所画的《女史箴图》中，便有汉成帝与班婕妤同乘一架肩舆的情景。唐初阎立本的《步辇图》，就是画的唐太宗乘轿的情形，他乘的步辇是一块平板，并非肩扛而是手提。大约到了唐代，这种工具有了升级版，中间的木板也渐渐改为椅子，再后来则加以种种装饰，逐渐变为扛在肩膀上的车厢了。因为扛起来时舆轿大约和腰部平齐，也叫腰舆、要舆。唐代以后的轿子从直观的形态区分，有敞露和封闭两种，前者也称凉轿、亮轿、显轿，后者则又称为暗轿、暖轿。唐代的敦煌壁画和墓室壁画中都有相关的图像。

舆轿最初仅限皇室使用，后来扩展到官宦人家，唐以后富商百姓也有乘坐。宋代非常流行的檐子，就是一种肩舆，深受当时贵族女性出游欢迎。《东京梦华录》说"士庶家与贵家婚嫁，亦乘檐子"，普通百姓乘坐者，会少一些华丽装饰。《清明上河图》中，就有车、轿二十多辆。我们今天习惯使用的"轿子"这个词汇，最早出现在南宋。

车轿自古以来就有区分等级之用，比如周朝以来的天子五辂，是帝王专用的，其他人均不能僭越。唐代以后皇后有六车（明代为五车，清代为四车），均有详细严格的规制。随着轿子的普及，也根据抬脚人数和轿舆的颜色区分出若干等级。亲王的轿子银顶、黄盖、红帏，三品以上银顶、黑色盖帏。图中虽然是亲王的轿子，但实际上三品以上大员均有可能乘坐。

图十六·傅公的轿子

轿子是地道的中国特产，17—18世纪，随着传教士来华之风日盛，欧洲刮起一股"中国风"。法国人很早就对中国的轿子感兴趣。1700年1月7日，奥尔良公爵曾在凡尔赛宫策划了一场名为"中国之王"的盛大迎新舞会，路易十四就曾乘坐一乘中国的大轿出场。德国和西班牙也经常有贵族乘坐中国轿子"招摇过市"。

八抬大轿是我们熟悉的名词,事实上八人抬的轿子在《女史箴图》中就可以看到,当时称之为"八扛舆",轿夫一般是前六后二分配。清代皇帝的轿子一般是十六人,而慈禧太后弄权时则别出心裁,其銮舆由二十四名太监抬举,远远超过八人。据《清史稿·舆服志》记载,清代三品以上汉人文职京官所乘轿舆用银顶,皂色帏帘,在京乘四人轿,出京乘八人轿;四品以下文官,用锡轿顶,轿夫两人;直省督、抚,轿夫八人;司、道以下,教职以上坐四人轿;钦差官三品以上坐八人轿。武官不得乘轿,只许骑马。将军、提督、总兵官年老不能骑马的可以报请批准坐轿。清代王公大臣一般备有显轿、暖轿各一,根据等级高低,其质地和纹饰均有不同。绿呢子大轿为王公大臣所用。一般来说,清代官员出行的官轿有严格的等级限定,一看轿子,就可以知道乘轿人的官品地位。

原书法文说明是"傅公在庆典时进宫所乘的轿子;轿子后的随从有时比亲王的还多,但轿子前面只有一两名骑马者"。所谓傅公,应当是法国人对太子太傅等三公这类高级官员的称谓。

图十七·二人小轿

原书法文说明为"普通的轿子，供没身份的人乘坐"。按照轿夫人数的不同，四人以上俗称为"大轿"，四人以下为"小轿"。在清代，普通百姓使用的一般为蓝布（青布）轿。

早在宋代初年，民间四人、八人轿都很流行，后来政府规定，民间乘轿轿夫原则上不得超过两人，所以我们看到描绘北宋末年开封府情景的《清明上河图》中均为两人小轿。清代民间也多为小轿，除了本图，在乾隆年间徐扬绘制的《盛世滋生图》（又名《姑苏繁华图》）中，也可以看到许多小轿行走苏州城的画面。

根据《大清会典》记载，清代皇后车辇有四种：凤辇、凤舆、仪舆、仪车，而皇贵妃、贵妃、妃、嫔的车辇则有舆车、翟车、翟轿三种。乾隆时期对后宫车轿进行了改革，《乾隆钦定大清会典》中规定皇太后、皇后车辇为凤舆、凤车、仪舆、仪车四种，皇贵妃的车辇为翟舆、仪舆、翟车、仪车四种，贵妃、妃、嫔的车辇为翟舆、仪舆、仪车三种。

皇贵妃的车轿和皇后、皇太后一样，均染明黄色，贵妃和妃、嫔则为金黄色。其他细节也都有详细规定，整个清代都未再改变。图中所绘，当为仪车。据《皇朝通典》卷五十五中记载，皇后的仪车"木质，髹以明黄，穹盖上圆下方，冠银圆顶，涂金，檐四隅系明黄绒䋄，属于軫，明黄缎垂幨，四柱不加绘饰，里髹浅红，明黄缎帏，黄里，坐具明黄缎，绣彩凤，轮各十有八辐，辕二，钻以铁鋄银，驾马一"，而皇贵妃的仪车"坐具绣彩翟，余俱如皇后仪车之制"，贵妃妃嫔的仪车"木质髹金，黄幨帏，坐具皆金黄缎，绣彩翟，余俱如皇贵妃仪车之制"。

图十八·皇妃用黄罩帏车

图十九·驮轿

这是供长途载客用的交通工具，前后均为骡子，有时候也用马，则称之为"双马驮轿"。这两匹马或骡子经过特殊而严格的训练，不仅走路快慢一致，甚至在过河、拐弯、上下山坡时，步伐节奏也都能相互配合。

这种驮轿因为是出远门之用，往往比较宽敞，坐一个人非常宽绰，坐两个人也完全容得下。一个人甚至可以躺下睡觉，相对来说比较舒适惬意。在《红楼梦》里多次出现过关于驮轿的记载，例如第五十九回写贾母等人要出远门给老太妃去送灵，"跟随的一共大小六个丫鬟，十个老婆媳妇子，男人不算。连日收拾驮轿器械"。"临日，贾母带着贾蓉媳妇坐一乘驮轿，王夫人在后，亦坐一乘驮轿，贾珍骑马，率领众家丁围护；又有几辆大车，与婆子、丫鬟坐，并放些随换的衣包等件。"贾母和贾蓉媳妇共坐一乘驮轿，王夫人一个人坐一乘驮轿，至于其他婆子丫鬟，则只能坐大车了。晚清庚子之变，慈禧太后和光绪帝狼狈逃出北京，一路上坐的就是官轿和驮轿。

驮轿往往随着季节的变化进行改装，冬天会使用羊皮羊毛等围裹，或者挂上厚帏子，夏天则施以纱布。这种驮轿的速度一般在每天七八十里，虽然设施相对舒适，但长途久坐毕竟不便，晚清曾国藩给儿子曾纪泽写信，就说"驮轿最不好坐"。

图二十·公主坐车

图中所绘的是棕车。在宋代便有棕舆，是一种用棕榈叶装饰的轿子。《东京梦华录》中记载当时公主出嫁，"乘金铜檐子覆以剪棕，朱红梁脊，上列渗金铜铸云凤花朵。檐子约高五尺许，深八尺，阔四尺许，内容六人，四维垂绣额珠帘，白藤间花"。宋代帝王乘坐的逍遥辇，也"以棕榈为屋，赤质，金涂银装"。图中棕车便是从前代棕舆演化而来。

朱红色的车辕、车轮表明这是仪卫车辆。据《皇朝通典》卷五十五中记载，清代皇帝"大驾、法驾、銮驾、骑驾，卤簿凡有四等"。"皇太后、皇后前陈设者曰仪驾，皇贵妃、贵妃陈设者曰仪仗，妃嫔陈设者曰采仗，至亲王以上及品官公主福晋以下及命妇俱称仪卫"，其中仪卫大都车辕髹朱漆。亲王福晋公主的仪卫中的车均为朱轮。

清代民间车轿多用蓝布,图中所绘的是两位满族人在蓝布车前见面行礼。

满族人见面或拜见客人,有各种礼节,其中有打千礼、抚鬓礼、拉手礼、抱见礼、半蹲礼、磕头礼等。图中表现的是"拉手礼",即相见时互相执手以表示亲密之礼,清初杨宾的《柳边纪略》卷四中记载:"满洲人相见,以曲躬为礼,别久相见则相抱。近以抱不雅驯,相见与别,但执手,年长垂手引之,少者仰手迎焉,平等则立掌平执,相抱者少矣。"可知"拉手礼"最初是由"抱见礼"演变而来,是旗人通行礼节。一般拉手为礼者都是非常熟识之人,是非常亲近的礼节。不过后世行拉手礼者一般都是女性。

图二十一·二人相逢拉手

图二十二・秀才游街

清代的科举分为童试、院试、乡试、会试、殿试五级，最初级的童试分为县试和府试，通过这两级考试，就正式成为童生，获得参加院试的机会。院试由各省学政主持，考试分正试、复试二场，试八股文与试帖诗，并默写《圣谕广训》百数十字。考试录取者叫作生员，俗称秀才。秀才便可以进入府、县学学习，叫作"入学"或"入泮"。成为秀才就意味着脱离了平民阶层，"免其丁粮，厚以廪膳……各衙门官员以礼相待"。生员才有资格参加乡试成为举人。个别优秀的生员还可以报送到首都国子监读书，成为国子监生。新入学的生员叫作附生，之后考核最优秀者，称为廪生，次一等为增生。

再往上则三年一次的乡试，总是在八月举行，称为"秋闱"，通过者成为举人,就有了做官的资格。每一届全国大约录取一千多人。乡试的第一名成为解元。第二年的二月就是会试,在北京的礼部举行,也叫"春闱""礼闱",通过者大约二三百人。这些通过者在一个月后参加殿试,殿试不会再刷人,只会排定名次。前三名为一甲,一般分别称之为状元、榜眼、探花,称为进士及第;第二甲若干人,称为进士出身;第三甲若干人,称为同进士出身。

可见科举之路漫漫,成为秀才(生员)是其中非常关键的一环,很多读书人直至年老还是一个区区童生。一旦成为秀才,就有资格参加乡试成为举人,即使乡试屡屡不中,也可以在成为廪生和增生后,获得出贡的机会,就是到北京吏部报到,做一个小官员。出贡的秀才叫贡生。清代的贡生,正途出身的有岁贡、恩贡、优贡、拔贡和副贡;此外,还有一种用捐纳方法取得资格的例贡。总而言之,成为秀才是求学做官路上的重要转折和重要事件。

这幅图表现的是秀才骑马游街庆祝的场景,前面两个旗子上的文字分别是"泮水呈香""黉宫俊彦"。"泮水"是古代学宫前形状如半月的水池,"黉宫"是学宫、学校的别称,两者都是学校的意思,这都是在称赞其成为官学的生员。

秀才游街一般是在鼓乐彩旗引导之下,头戴金花,身着儒服青衣缎靴,胸口有一条红色缎带呈斜十字形扎在胸口,这就叫"披红",骑着马或乘肩舆徐徐前进,先到贡院步入"龙门"参见学政,再到府学孔庙举行"谒圣礼",经过泮宫门,在下马碑下马或下轿,经泮水桥,在大成殿叩拜孔子像。此外还要到尊经阁拜魁星,再到明伦堂聆听学官的训诫,最后出府学,过洙泗桥,踏青云路,象征着"平步青云"。

图中是运粮车，清代从南方各地通过水路运送漕粮到北方，每年约四百万石。这些漕粮到达码头后，由运粮车转运，储存在通州及北京各官仓。

图二十三·运粮车

图二十四·煤车

图中表现的是当时煤炭运输的情形。中国人使用煤炭的历史非常悠久,大约在新石器时代就已经发现和使用煤炭。《墨子》中已经提到用燃烧煤炭形成烟雾攻击敌人的方法。在魏晋时期,已经出现挖掘煤炭的矿井。唐宋时期,当时煤炭称之为石炭,区别于木竹烧制的木炭(唐代白居易的名篇《卖炭翁》中卖炭翁销售的就是木炭),北宋首都开封还有专门管理受纳出卖石炭的石炭场。宋人庄绰的《鸡肋编》卷中记载"昔汴都数百万家,尽仰石炭,无一家然薪者",可见普及度之高,当然也是因为北方煤炭资源比较丰富,当时南方则更多使用木炭。陆游的《老学庵笔记》卷一记载"北方多石炭,南方多木炭,而蜀又有竹炭"。在宋代,煤这个词正式成为煤炭的名称。

明清两代煤炭行业高度发展,几乎每个皇帝都对煤炭业有过批示,今天采煤区的煤炭,在当时都已经得到勘探和采挖。当时北京的煤大都取自西山,清代潘荣陛的《帝京岁时纪胜》中说"西山煤为京师之至宝,取之不竭,最为便利"。当时也涌现出不少关于煤炭的文学作品,最有名的当属明代于谦的《咏煤炭》:"凿开混沌得乌金,蓄藏阳和意最深。爇火燃回春浩浩,洪炉照破夜沉沉。鼎彝元赖生成力,铁石犹存死后心。但愿苍生俱饱暖,不辞辛苦出山林。"

成熟的煤炭行业必然配套有不同形式的运煤工具，图中所绘就是这一情形。由于煤炭较重，图中运煤的板车由四匹马来拉动。板车上装煤的筐子叫作拖筐，一般是船形或长方形，竹制或木制，其下方往往还钉有铁条或木条，使得运输更加便捷。

图二十五·茶馆拉水车

图中是一辆畜力水车，在板车上装有巨大木水桶，将优质水源从外地运到茶馆附近。木桶下方有阀门，打开后清水可以直接灌入小木桶，方便使用。清代北京城的饮用水主要靠井水，但城内的水井多为苦水井，安定门外却有不少甘水井，一些茶馆便从城外运甘甜井水使用。据说清代宫廷用水也都是每日经西直门将城外玉泉山的泉水运来。

当时运水除了像图中为了饮用，还有一部分是为了消防。清代后期各大城市普遍有救火社，有水会、水龙会、水局等名目，其装备就有拉水车，一旦发生火灾，能够及时运水灭火。

和石炭场一样，北宋都城开封有草场，甚至因为运输而导致交通大拥堵。《东京梦华录》中记载："近新城有草场二十余所。每遇冬月诸乡纳粟秆草，牛羊阗塞道路，车尾相衔，数千万辆不绝，场内堆积如山。"

图中画的是清代运草的车子，捆扎好的草料整齐地摆放在车上。和草车类似的还有粮车，运输的是粮食。

图二十六·草车

图二十七·外路人回家

外路人，意即外乡人。"路"在宋元时期是行政区划，宋代曾把全国分为若干道，后又改为若干路，具体数字则经过多次调整，南宋时为十六路。元代设中书省和行中书省，下为路、府、州、县四级地方行政区划。

图中表现的是一位流寓外地的中年男子赶着骡子回家的情形，这是一次大搬家，全部行李家当都在骡子的背上。

煤驮子是用来装煤的荆条筐或布袋，一般由骆驼或毛驴来搬运，有时候也把承担任务的骆驼、毛驴称之为煤驮子。煤驮子在各地都有，但出现在北京城中的，则大多来自门头沟。门头沟的矿区多在崎岖不平的山区，甚至有的煤窑压根儿没有道路，煤炭便由骆驼、毛驴用煤驮子驮出，这种装煤的口袋，一个能装一两百斤，有的骆驼一次可以驮一千斤，毛驴可以驮四五百斤。

东北设立了一组"驮煤骆驼"雕塑，雕塑截取运煤途中歇脚的瞬间，两只大骆驼趴卧在草地上，运煤老人蹲在煤堆前，悠闲地吸着老旱烟。

图二十八·煤驮子

图二十九·拉戏箱车

戏箱顾名思义，是戏班用来放置演出服装和道具的箱子。这是戏班子里最为珍贵的设备，一般戏班子都有专人管理。戏班子应邀往各处唱堂会，就需要用车拉戏箱，图中表现的就是这一场景。

旧时戏班子去富人家演堂会，开演前，先把戏箱送去，演毕再送回。《金瓶梅》第四十二回："王皇亲家二十名小厮唱戏，挑了箱子来。"如果是连日演，就要把戏箱留在主人家，在《金瓶梅》中，西门庆就好几次叮嘱要留下戏箱。如第四十三回，西门庆说"休要上边打箱去"，再如第六十三回，西门庆叮嘱"留下戏箱，还做一日"，这都是要连作两日的缘故。

据徐珂的《清稗类钞》中记载，当时北京的酒店根据所销售的酒，分为南酒店、京酒店和药酒店，所谓的南酒，就是南方生产的黄酒。图中所绘，就是用独轮车搬运大坛黄酒的情形。同为独轮车，卖白菜、送砖瓦灰、送南酒车便有不同，正可谓因需制宜，变化无穷。

图三十·送南酒车

乐

乐器二十一图

1984年以来,考古学家陆续在河南舞阳贾湖遗址发现三十多支骨笛,这些骨笛由禽类翅骨制成,距今已有约八千至九千年,是中国考古发现的最古老的乐器。浙江河姆渡出土的一百多支骨哨距今也有约七千年。而目前发现远古时期最普遍的乐器则是陶埙,这种形似鸡蛋的陶土制品,最初和骨笛、骨哨一样,可能用于在捕猎中诱捕动物,后逐渐演化为乐器。

到商周时期,乐器发展已经蔚为大观,《周礼·春官》中根据乐器材质,将其分为八类,这就是有名的八音:金、石、丝、竹、匏、土、革、木,分别由青铜、石头、陶器、木头、竹子、蚕丝、葫芦和皮革制成。《诗经》中提到的乐器有约三十种,例如著名的诗句"窈窕淑女,琴瑟友之"(《关雎》)、"彤管有炜,说怿女美"(《静女》)等等。《周礼》中记载的乐器更是多达七十多种。乐与礼构成了这一时期文明的重要特质,我们往往将其称之为"礼乐文明"。《礼记·乐记》云"乐者,天地之和也;礼者,天地之序也。和,故百物皆化;序,故群物皆别"。又说"大礼与天地同节,大乐与天地同和",典雅完美的音乐与天地自然和谐,庄严隆重的典礼与天地相互呼应,乐器成为中华文明中不可或缺的一部分。20世纪下半叶以来,考古发现了不少春秋战国时期的乐器,曾侯乙墓出土的一套由六十五个分件组成、总重五吨左右的青铜编钟尤其负有盛名，这套乐器需要一个乐队进行演奏。这一时期也形成"五声、六律、十二管，旋相为宫也"的音阶理论，传统的五声音阶由宫、商、角、徵、羽构成，加变宫、变徵两音而成七声音阶。

秦汉隋唐五代时期，外来乐器不断融入中原文明，也有大量新的乐器被发明。例如张骞出使西域时传入横笛（横吹），汉灵帝时传入竖箜篌，东晋时传入曲项琵琶。秦代出现源自西域的"弦鼗"，后来经过汉化演变为"阮咸"，就是中外乐器交流融合的典型案例。汉代开始，乐器演奏从礼乐走向生活，这从大量出土的汉代形态愉悦的乐俑中可见一斑。这一时期弹奏类乐器得到空前发展，《幽兰》是我国现存最早的琴谱。据唐代《乐府杂录》记载，唐朝时各类乐器大约有三百种，其中琵琶最为流行。这一时期乐器的样式图像，在敦煌壁画为代表的壁画中多有保留，现存的南唐周文矩绘《合乐图》（现藏芝加哥美术馆）等绘画作品中也有大量乐器。

宋元明清时期，发展最快的是弓弦乐器，其中最有代表性的便是二胡。弓弦乐器推动了说唱和戏曲艺术的发展。也有一些乐器在这一阶段被发明或被引入，如从欧洲传入的扬琴等。这一时期，音乐进入市井，呈现出丰富的世俗百态，民间音乐的生命力远远超过了宫廷音乐。这时期的乐器图像，可以在宋代陈旸的《乐书·乐图论》、宋代阮逸等人合著的《皇祐新乐图记》、明代朱载堉的《律吕精义·乐器图样》、清代康熙年间的《律吕正义》、乾隆年间的《皇朝礼器图式·乐器》等中找到。

外国学者关于中国乐器的介绍，最有名当属比利时人阿理嗣（Jules A. van Aalst）1884年出版的《中国音乐》(Chinese Music) 一书，书中也附有一些乐器绘图。本书所介绍的水彩画，则是出自18世纪的外销画。

"身背花鼓手提锣，诚心祝寿，朝见活佛，齐唱万寿歌。"——清·王廷绍《霓裳续谱》

腰鼓也称花鼓、磨皮花鼓、双柏花鼓。两晋时期，腰鼓已在我国西北部少数民族地区流传，敦煌北凉壁画已绘有粗腰鼓图像，并一直延续至元代。

腰鼓由鼓框、前鼓面、后鼓面、前鼓环、后鼓环、背带、鼓槌等组成。形似圆筒，鼓身木制，中间较粗而两端稍细，两面蒙以牛皮、马皮或羊皮。鼓身涂以朱漆或绘有花纹图案。鼓身有支铁环，用带子悬挂在腰间，两手各执一木槌敲打，音响清亮。

明清时期，腰鼓曾在凤阳花鼓、花鼓灯和淮北花鼓戏中应用，花鼓这种民间歌舞起源于安徽凤阳，清代中叶以来，广泛流行于全国各地，形成不同的表演形式。清末民初徐珂的《清稗类钞》中记录："打花鼓，本昆戏中之杂齣，以时考之，当出于雍、乾之际。盖泗州既沉，治水者全力注重高家堰，而淮患悉在上流，凤、颍水灾，于兹为烈。是剧以市井猥亵之谈，状家室流离之苦，殆犹有风人之旨焉。歌中有曰：自从出了朱皇帝，十年倒有九年荒。嘉、道间，江、浙始有花鼓戏，传未三十年，而变迁者屡，始以男，继以女；始以日，继以夜；始于乡野，继于镇市；始盛于村俗农甿，继沿于纨袴子弟矣。"

图一·腰鼓

"铜钹亦谓之铜盘,出西戎及南蛮,其圆数寸,隐起如浮沤,贯之以韦,相击以和乐也。南蛮国大者,国数尺,或谓齐穆王素所造。"——唐·杜佑《通典》

钹又作铜钹、铜钹子、铜钵子、铜盘,相类似的乐器统称为铙钹。铜造,形如圆盘,中央隆起如丸状,中心穿一小孔,系以布缕,两片互击而鸣奏。日本学者林谦三的《东亚乐器考》中认为源于中亚,较早在埃及、叙利亚等地出现,后在波斯、罗马等地流传,大约在北朝以前,作为佛教法器,铜钹已经传入中国。龙门、云冈、麦积山石窟的伎乐中就有其身影。

在佛教中,铜钹为伎乐供养具之一,也是佛教法会仪式中使用的重要的法器。《佛本行集经》卷十四中有:"一千之铜钹,一千之具萧,昼夜不绝于宫内。"北宋陈旸的《乐书》中记载:"唐之燕乐、法曲有铜钹相和之乐,今浮屠氏法曲用之,盖出于夷音也。"

中唐以后用于宫廷大乐、地方戏曲和佛事活动。明清时期,钹已用于河北吹歌、山西八大套、长安鼓乐、苏南吹打等民间器乐合奏、北京智化寺京音乐和昆曲等地方戏曲伴奏。

图二·铜钹

"南山截竹为觱篥,此乐本自龟兹出。流传汉地曲转奇,凉州胡人为我吹。傍邻闻者多叹息,远客思乡皆泪垂。世人解听不解赏,长飚风中自来往。枯桑老柏寒飕飗,九雏鸣凤乱啾啾。龙吟虎啸一时发,万籁百泉相与秋。忽然更作渔阳掺,黄云萧条白日暗。变调如闻杨柳春,上林繁花照眼新。岁夜高堂列明烛,美酒一杯声一曲。"——唐·李颀《听安万善吹觱篥歌》

觱篥,也作觱栗,又称筚管、头管、管子,是由古代龟兹国(今新疆库车一带)传来的一种簧管乐器,其名称就是从古龟兹语音译而来。南朝何承天的《纂文》中云:"必栗者,羌胡乐器名也。"唐代段安节的《乐府杂录》中说:"觱篥者,本龟兹国乐也,亦曰悲栗,有类于笳。"在新疆的许多早期石窟壁画中都有觱篥的描绘,如伯孜克里克的千佛洞内一幅佛陀本生故事画中,就有吹奏觱篥的乐人。

觱篥最初是用牛羊角和羊骨制成,而后改由竹制、芦制、木制、铁制、银制等多样材质,而以竹制最为普遍。

图三·觱篥

"箫韶九成,凤凰来仪。击石拊石,百兽率舞。"——《尚书》

箫源于远古时期的骨哨,历史上亦称为笛。秦汉时期,箫主要指竹管编排而成的排箫。唐以前,笛箫通常不分,汉代时还有"篴""竖篴"等叫法。唐代开始以横吹为笛,竖吹为箫。今天的样式在明朝正式确定,清《律吕正义后编》中云:"明时乃直曰箫,不复有竖篴。今箫长一尺八寸弱,从上口吹,有后出孔;笛横吹,无后出孔。"

箫的品种很多,明清以来常见的有紫竹洞箫、九节箫、黑漆九节箫、玉屏箫、南箫等。

图四·洞箫

"云璈,制以铜,为小锣十三,同一木架,下有长柄,左手持,而右手以小槌击之。"——《元史·礼乐志》

云锣,古名云辙,又名云璈。云锣由锣体、锣架和锣槌组成。锣体由大小相同,而厚度、音高存在区别的若干铜制小锣组成,这些小锣以音乐次序悬挂于锣架上,演奏方法与中国锣类似,用小槌击奏。根据锣体小锣的数量,有九面云锣、十面云锣乃至于三十八面云锣等名称。

一般认为云锣出现于唐代,元代开始大为流行。宋代画家苏汉臣所绘《货郎图》中,一货郎身挂数件乐器,其中有一件为十面云锣,图中所绘为十三面云锣。清末民初徐珂的《清稗类钞》中记录:"云锣十面,共一木架。架下有短柄,左手持而右手以挝击之。锣之大小皆同,而以厚薄分声之清浊,凡五正声五清声也。厚薄有损益,与编钟同,即云璈也,俗曰九云锣。"

图五·云锣

"笛直嗳嘟歪。"——潮汕民谣

号头流行于广东省潮汕地区、客家地区和闽南一带。潮州话称为"嗳嘟""吊喇子",客家话也称"吊喇子"或"呜知嘟",形制近似于长喇叭,但喇叭口弯曲向上,可视为喇叭的变体乐器。

号头声音洪亮,低音深沉厚重,高音明亮激昂,常用于广东潮剧、广东汉剧和西秦戏的开场锣鼓、将军出场、布阵打仗的戏剧性高潮处,因而也叫"威武号头"。潮剧形成于南宋,是使用号头最早的剧种。北京中国艺术研究院中国乐器博物馆收藏有一件清代号头,管体可以伸缩。

图六·号头

"战将十合,梁夫人亲执桴鼓,金兵终不得渡。"——《宋史·韩世忠传》

花盆鼓因鼓面大、鼓底小,形似花盆而得名。因为看起来又像缸,也叫缸鼓。它是由堂鼓演变而来的,因而也称为南堂鼓。相传南宋韩世忠破敌黄天荡,梁红玉就是擂缸鼓助战。此鼓广泛用于京剧等各种地方戏剧和歌舞伴奏以及器乐合奏,有时也可以独奏,流行于全国各地。

据《中华乐器大典》记载,花盆鼓鼓身多用椿木、杨木或柳木制作,板材锯成上宽下窄的鼓梆,然后堆粘成鼓腔,经过车旋而成。鼓皮用水牛皮或旱牛皮均可,但上面鼓皮以用牛的脊背皮为好。鼓身外表装饰,应色调鲜艳,彩绘图案细致。

图七·花盆鼓

"满座无言听轧筝,秋山碧树一蝉清。只因曾送秦王女,写得云间鸾凤声。"——唐·刘禹锡《听轧筝》

轧筝又称拂琴、轧琴、拉筝、挫琴,始于唐代,《旧唐书·音乐志》载:"轧筝,以片竹润其端而轧之。"轧就是拉的意思,这是中国拉弦乐器的最初形式。轧筝一般为七弦,宋代曾三异的《同话录》云:"世俗有乐器,小而用七弦,名轧筝。"本图中所绘即是七弦,但可能也有其他弦数,《清史稿·乐志》记载:"轧筝,似筝而小,刳桐为质,十弦。前后有梁,梁内弦长一尺六寸一分八釐,各设柱,以木杆轧之。"徐珂的《清稗类钞》则记载:"轧筝,为筝之一种,以竹片润其端而以木杆轧之者。唐时始有此器,十弦,长二尺二寸有奇。"

轧筝有多种演奏形式,可以将轧筝放在小桌上进行演奏,也可以将琴竖立胸前进行演奏,还可以如图中斜扛于肩进行演奏。这种靠肩演奏方式由来已久,在山西省芮城县博物馆所藏表现唐代中叶名将郭子仪诞辰祝寿喜庆场景的八屏通景堆锦《郭子仪诞辰祝拜图》中,有一支小型宴乐乐队,其中一名女乐伎将轧筝斜扛于肩,左手托其底,右手执一小棒正在演奏。演奏方式与本图接近。

图八·轧筝

"潮来濠畔接江波,鱼藻门边净绮罗。两岸画栏红照水,蛋船齐唱木鱼歌。"——清·王士祯《广州竹枝词》

木鱼本为佛教法器,是犍椎之一,很早便随着佛教传入我国。"木鱼"之名,最早见于唐代百丈怀海禅师的《敕修清规》:"木鱼,相传云,鱼昼夜常醒,刻木像形击之,所以警昏惰也。"在唐代,寺庙中便用木鱼声伴奏梵呗,唐代司空图的《上陌梯寺怀旧僧》诗中云:"松日明金像,山风响木鱼。"明代以来,流行于民间,用于说唱木鱼歌和昆曲伴奏,还广泛用于各种形式的器乐合奏和乐队中。

图九·木鱼

唢呐，也叫锁奈、琐奈、锁呐，俗名喇叭，又称苏尔奈、金口角，是古老的外来乐器，最早流传于波斯、阿拉伯一带，其名字便是古波斯语 Surnā 的音译。魏晋时期，唢呐已经传入我国，在克孜尔千佛洞第三十八石窟中的壁画上，绘有伎乐人吹奏苏尔奈的图像。直到明代，中原地区使用的唢呐，其结构才与现代的唢呐相同。

清末民初徐珂的《清稗类钞》中记载："唢呐，一作锁拿，又名锁㖠，原名苏尔奈。本回族所用，皆译音也。木管本小末大，长一尺四寸有奇，上口有铜，管长三寸，铜管上口复安芦哨。木管正面七孔，后出一孔，左侧面一孔，吹之，皆应笛声。"

据《中华乐器大典》所载，明清以来，唢呐常用于吹奏军乐和衙门的鼓吹班中。在民间，则用于各种地方戏曲、民间歌舞伴奏；在年节佳庆、庙会祭典和婚丧喜庆活动以及各种吹歌会、鼓乐班、八音会和秧歌会中，唢呐已成为人们喜闻乐见的民间气鸣乐器。

图十·唢呐

"胡旋女，胡旋女，心应弦，手应鼓。弦鼓一声双袖举，回雪飘飘转蓬舞。"——唐·白居易《胡旋女》

达卜因敲击时发出"达""卜"声音而命名，也叫达甫、手鼓（与汉族传统手鼓不同），源于阿拉伯地区，南北朝时就已经进入新疆、甘肃，敦煌千佛洞北魏壁画中，就绘有鼓形扁圆、单面蒙皮、背面有许多小铁环的单面鼓。隋唐时期，达卜随西域歌舞传入内地。

在清朝，达卜列入宫廷的回部乐中，清代允禄等编《皇朝礼器图式》卷九中有详细记载："钦定宴飨设回部乐。达卜，木匡，上冒以革，形如手鼓而无柄。径一尺三寸六分五厘，厚二寸二分七厘五毫……以二手击之。"清代徐珂的《清稗类钞》中载："达卜，回乐也。木腔，冒以革。以手指击之。"

达卜是维吾尔族、乌孜别克族和哈萨克族等民族最常见的乐器之一。《清稗类钞》中记载了清代新疆喀什地区维吾尔族的节日盛况："回部喀什噶尔之俗，岁于十月朔日、十二月十日，大伯克率众张鼓乐，赴寺拜天，并庆贺宴会。回民吉礼，用鼓二，胡琴一，三弦二，筝一，乐人席地而坐，以手拍鼓，众乐从之，声音和翕。乐人歌曲，妇女数人起舞，踏步旋转，皆能应节。"其中提到的手拍鼓自然就是达卜。

图十一·达卜

点鼓又称怀鼓，演奏时，奏者坐姿，将鼓腔的一边直立于膝上或用左手托住，右手腕部压住鼓的上方边缘，使其稳定不动，同时用右手执鼓槌敲击，左手持板击节。《清朝续文献通考》载："点鼓，节小唱所用，丝竹亦用之，绰板用以击节，点鼓用以点音。惟大演乐、戏剧皆不用。"

清代李斗的《扬州画舫录》卷十一中描述十番鼓"只用笛、管、箫、弦、提琴、云锣、汤锣、木鱼、檀板、大鼓十种"，其中的木鱼后来逐渐被点鼓取代。

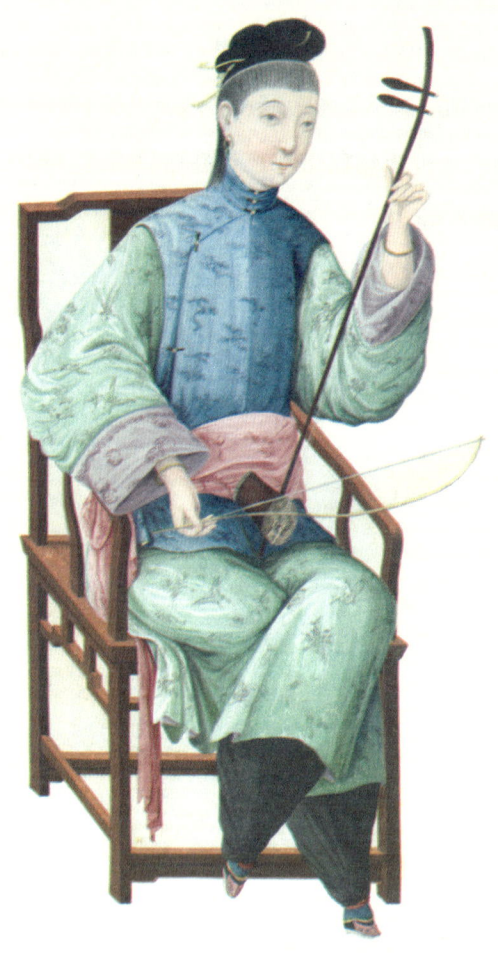

"胡琴,制如火不思,卷颈,龙首,二弦,用弓掖之,弓之弦以马尾。"——《元史》

二胡是二弦胡琴的简称,又名南胡、嗡子、胡胡,由唐宋的奚琴、稽琴发展而来。清末民初徐珂的《清稗类钞》中记载:"胡琴,似琵琶,而下锐。龙首,皮腹,背有脊棱,二弦,以木杆系马尾,轧之……则胡琴亦奚琴类是也。但槽端彼方此尖,槽面彼覆以木而此冒以皮,微不同耳。"在近代,胡琴才更名为二胡。

二胡由琴筒、振动膜、琴杆、琴头、弦轴、千斤、琴马、琴弓和琴弦等部件组成。

图十三·二胡

"凤吹声如隔彩霞,不知墙外是谁家。重门深锁无寻处,疑有碧桃千树花。"——唐·郎士元《听邻家吹笙》

笙的历史极为悠久,唐代的段安节在《乐府杂录》中说:"笙者,女娲造也。仙人王子晋于缑氏山月下吹之,象凤翼,亦名参差。"虽是神话传说故事,也足见影响深远。在我国周代乐器八音分类中,笙为匏类乐器。《说文解字》记载:"笙,十三簧,象凤之身也。笙,正月之音,物生故谓之笙。大者谓之巢,小者谓之和。从竹生声。"但当时的笙也不全是十三簧。十七、十二等管数都有。盛唐之时,我国的十七簧笙东传日本。在奈良东大寺正仓院中,还保存着从我国传去的三支唐代笙。

清代,笙用于宫廷的祭祀乐、朝会乐、宴飨乐、蒙古番部合奏乐、卤簿乐和凯旋乐中。

在民族管乐器中,笙的构造相对复杂,由笙斗、吹嘴、笙苗、笙角、簧片和腰箍等部件组成。

图十四·笙

"掩抑复凄清,非琴不是筝。还弹乐府曲,别占阮家名。古调何人识,初闻满座惊。落盘珠历历,摇珮玉琤琤。似劝杯中物,如含林下情。时移音律改,岂是昔时声。"——唐·白居易《和令狐仆射小饮听阮咸》

阮在汉代就已出现,当时和其他同类乐器统称为琵琶。因为西晋"竹林七贤"之一的阮咸最善弹奏这种乐器,唐朝人便将之称为"阮咸",简称"阮"。唐代的《清商乐》和《西凉乐》中,阮咸还是主要的乐器之一。如今,在日本古都奈良东大寺正仓院中,还珍藏着一面唐代传去的嵌螺钿紫檀阮咸。

宋代以来,阮在民间非常盛行,宋代李嵩的《听阮图》、明代仇英的《蕉阴结夏图》都有阮的影踪。《水浒传》第八十一回写道:"李师师取过阮来,拨个小小的曲儿,教燕青听,果然是玉佩齐鸣,黄莺对啭,余韵悠扬。"

在清代以前,月琴和阮区别不大,经常被视为同一件乐器。清末民初徐珂的《清稗类钞》中云:"月琴,八角木槽而微凹,其面柄贯槽中,四弦覆手,曲首似琵琶。通体用紫檀,槽面用桐木。本名阮咸,亦呼曰阮。"

图十五·阮

"东海中有流波山,入海七千里。其上有兽,其状如牛,苍身而无角,一足,出入水则必风雨,其光如日月,其声如雷,其名曰夔。黄帝得之,以其皮为鼓,橛以雷兽之骨,声闻五百里,以威天下。"——《山海经·大荒东经》

堂鼓,又叫作同鼓、战鼓。敦煌壁画中常见的节鼓,就是现在的堂鼓。鼓腰稍粗,两端蒙以牛皮,鼓面直径较小。

据《中华民乐大典》记载,演奏时,将堂鼓空悬于木制鼓架上,双手持红木双槌敲击。用于民间器乐合奏、舞蹈、戏曲伴奏和喜庆节日里群众性的锣鼓队中。乐队行进中可系带挂于身上演奏。奏法有单打、双打、滚奏、闷击等技巧。

图十六·堂鼓

"拍板,长阔如手,厚寸余,以韦连之,击以代抃。"——《旧唐书·音乐志》

拍板古称代抃。"抃"指双手拍击动作,"代抃"便是用木板代替手拍之意。每块拍板的上端均钻有两个小孔,用细皮条或丝绳串联,下端可自由开合。因其多为檀木所制,又名檀板。唐玄宗时,梨园黄幡绰善奏此板,又以其名称之为绰板。早在南北朝时期,就已经应用于乐舞、仪礼和佛教音乐。

俞文豹的《吹剑续录》中记载有一个关于拍板的经典故事:(苏)东坡在玉堂,有幕士善讴。因问:"我词比柳七(柳永)何如?"对曰:"柳郎中词,只好合十七八女孩儿,执红牙板,歌'杨柳岸晓风残月'。学士词,须关西大汉,执铁板,唱'大江东去'。"公为之绝倒。

拍板的材质,一般用檀木、红木等木板,也有用象牙制作的。板的数量不一,一般为五六块板,最少的三四块,最多九块。

图十七·拍板

"琴长三尺六寸六分，象三百六十日也；广六寸，象六合也。文上曰池，下曰岩。池，水也，言其平。下曰滨，滨，宾也，言其服也。前广后狭，象尊卑也。上圆下方，法天地也。五弦宫也，象五行也。大弦者，君也，宽和而温。小弦者，臣也，清廉而不乱。文王武王加二弦，合君臣恩也。宫为君，商为臣，角为民，徵为事，羽为物。"——东汉·蔡邕《琴操》

古琴，古称琴、瑶琴。古代有神农氏"削桐为琴，绳丝为弦"、伏羲氏"作琴以修身理性，反其天真"的传说，黄帝、舜帝也被认为在琴的产生中发挥过重要作用。《诗经》中就有许

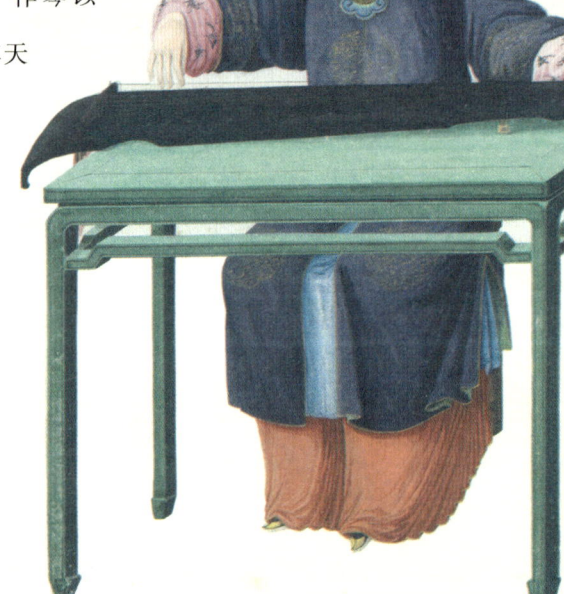

图十八·古琴

多关于琴的记录，例如有"窈窕淑女，琴瑟友之""我有嘉宾，鼓瑟鼓琴"等诗句。孔子对琴也有浓厚的兴趣。湖北曾侯乙墓出土的古琴实物距今已有两千四百余年，唐宋以来历代都有古琴精品传世，例如唐代"九霄环佩""大圣遗音""太古遗音""独幽""飞泉""枯木龙吟"等，宋代"混沌材""轻雷""鸣凤""南风""万壑松""万壑松""凤凰来鸣"等。

古琴琴面一般多用桐木、杉木等松质木料制成。琴面从外向内由粗及细缚七根琴弦，一弦外侧的面板上嵌有十三个圆点，称为徽。"琴头"上部称为额，额下端镶有用以架弦的硬木，称为"岳山"，又称"临岳"，是琴的最高部分。岳山边靠额一侧镶有一条硬木条，称为"承露"，上有七个"弦眼"，用以穿系琴弦，其下有七个用以调弦的"琴轸"，琴头的侧端，又有"凤眼"和"护轸"。自腰以下，称为"琴尾"。琴尾镶有刻有浅槽的硬木"龙龈"，用以架弦。龙龈两侧的边饰称为"冠角"，又称"焦尾"。琴尾部一般也有一个暗槽，称为"韵沼"。琴底有两个出音孔称"龙池""凤沼"。古琴演奏时，将琴置于琴桌上，右手拨弹琴弦、左手按弦取音，演奏技法繁多。

图十九・扬琴

"此琴来自大海洋,制度一变殊凡常。取材讵用斩桐梓,发声亦自循宫商。图形宛然如便面,中絚铁弦经百炼。钿钉栉比排两头,二十六条相贯穿。携来可击不可弹,双椎巧刻青琅玕。琴师举手指未落,满座肃听生心欢。初持孤椎祇轻打,秋树寒蝉饮霜哑。旋舒双腕着意敲,淅沥雨飘青竹瓦。左击右击无雷同,疏槌密槌相间工。五音和会含众妙,节奏宛转包纤鸿。琮琮琤琤盈耳注,碎珮丛铃满烟

雨。"——清·金赤泉《听洋琴》

扬琴，又称洋琴、打琴，最初起源于波斯的萨泰里琴，此后流行于欧洲，称为德西马琴。明清之际经海路传入我国广东地区，并逐渐扩及闽浙、江淮和中原一带。清代徐珂的《清稗类钞》中云："康熙时，有自海外输入之乐器曰洋琴，半于琴而略阔，锐其上而宽其下，两端有铜钉，以铜丝为弦，张于上，用锤击之，锤形如筯。其音似筝筑，其形似扇，我国亦能自造之矣。"清代弹词、花调、琴书艺人习用。丘鹤俦在《琴学新编》中首称扬琴。

扬琴由共鸣箱、山口、弦钉、弦轴、马子、琴弦和琴竹等构成。共鸣箱是扬琴的形体，它由前后两块侧板和左右两端琴头连接成琴架，上下蒙以薄板而成。山口是面板两侧的长形木条，用红木制成，起架弦作用。马子有多个，置于面板上，其凸出的峰部用以架弦，凹下的谷部为其他琴弦通过。琴弦采用铜丝，后来改为钢丝。琴竹又叫琴笕、琴签和琴棰，是两支富有弹性的竹制小棰，用以敲击琴弦发音。

图二十·小叫

小叫，因其声音略似犬吠，又称狗叫，是小锣之一种，流行于福建省福州、泉州、晋江、漳州、龙岩等地。演奏时左手提锣，右手执锣板敲击锣面，发音高亢、短促，犹如狗叫声，音响热烈，常与响盏配合使用。是福建南音、笼吹、福州十番、晋江十番、闽南十音、闽西十班、闽东拾锦、静板等民间器乐合奏和梨园戏、高甲戏等地方戏曲伴奏乐队中离不开的特色体鸣乐器。

"笛子之职，兼司小钹，此技有二绝，一曰熟，一曰软：熟则诸家唱法，无一不合；软则细致缜密，无处不入。"——清·李斗《扬州画舫录》

小钹也叫小京钹、小水镲、镲锅和铰子。笠形，钹体较小而厚。

据《中华乐器大典》记载，小钹演奏时，两手各执一面，互击发音。音色高亢脆亮。常用于民间器乐合奏和地方戏曲剧种及民间歌舞伴奏，适宜表现热烈欢快的场面。

图二十一·小钹

说明

因部分藏品年代久远或有质量缺陷,书中有些图片无法修复,敬请谅解。